和孩子一起玩创意

启发孩子创造力的四季艺术课堂

雪宁·文 暹罗小喵·图

中国妇女出版社

图书在版编目（CIP）数据

和孩子一起玩创意：启发孩子创造力的四季艺术课堂 / 雪宁文；暹罗小喵图.--北京：中国妇女出版社，2016.1

ISBN 978-7-5127-1182-2

Ⅰ.①和… Ⅱ.①雪… ②暹… Ⅲ.①智力游戏—儿童读物 Ⅳ.①G898.2

中国版本图书馆CIP数据核字（2015）第240576号

和孩子一起玩创意——启发孩子创造力的四季艺术课堂

作　　者：雪宁 文　暹罗小喵 图
策划编辑：应莹
责任编辑：应莹
封面设计：周周设计局
责任印制：王卫东
出版发行：中国妇女出版社
地　　址：北京东城区史家胡同甲24号　　邮政编码：100010
电　　话：（010）65133160（发行部）　　65133161（邮购）
网　　址：www.womenbooks.com.cn
经　　销：各地新华书店
印　　刷：北京通州皇家印刷厂
开　　本：185×235　1/16
印　　张：13.5
字　　数：120千字
版　　次：2016年1月第1版
印　　次：2016年6月第2次
书　　号：ISBN 978-7-5127-1182-2
定　　价：35.00元

前言 Preface

这是一本互动式亲子涂鸦艺术创意游戏书。在创作这本书的过程中，我挑战了不同的写作风格，把文学故事、绘画、手工连接在一起，希望借由故事来引领孩子进行艺术创意。因为故事是孩子发挥艺术创造力的最好开始。

整本书分**春、夏、秋、冬**四个章节。

希望把孩子对于自然的外在体验和内在想象力连接在一起，形成艺术的力量。大自然是最伟大的艺术家，孩子在其中最容易感受到艺术的滋养。而设计春、夏、秋、冬一年份的篇章，也是希望父母可以把书中的艺术活动落实到日常的生活中，开启充满想象力的亲子生活。

关于引导绘画和手工的**小故事**。

在故事的创作上，我着力在孩子日常生活的各种片段的描写，因为这样更贴近孩子的生活体验，容易让孩子产生共鸣。一篇篇结合现实与想象的简短小故事，就像一把把小钥匙，让孩子身处现实与想象交融的生活情景，转动了孩子的生活感受和无限的想象力。同时，生活化的故事也可以引发孩子用语言表达出自我的想法，产生亲子之间的对话和交流，增进父母对孩子的了解。

故事永远是孩子创作最好的开始。所以，翻开本书，请先为孩子读上一篇故事，然后再带领孩子进行艺术创作。

关于**创意引导**

在艺术创意引导部分，我设计了基础篇的自由涂鸦和进阶篇的艺术游戏两个部分，满足不同年龄孩子的不同需求。

在进阶篇中，为了让孩子体验运用不同材料进行创作的乐趣，父母可以寻找生活中常见的日用品，比如，杂志的彩色内页、糖纸、牙刷、洗碗海绵、纽扣、吸管、毛线、意式通心粉等；还可以把自然的素材带入画作中，比如，叶子、花瓣、蔬菜、水果等。带着孩子发挥想象力，打破对物质用途的界定，给它们以不同的艺术表达方式，开拓出孩子的创造力，画作会呈现出新奇的惊喜。

我期待，借由此书引发父母与孩子间更具创意的亲子艺术生活。

关于每篇图画页的**打底画**

每篇故事后的图画页由小女进行最基础、最简单的图画打底，接下来的部分就由您的孩子来完成。这如同给孩子一个游戏的线头，至于要拉出多长的线、编织成什么作品，就请由孩子来做主。

让创作也像游戏一样好玩吧！

关于**与父母对话**

在每个篇章结尾都会有一小段写给父母的话，是从教养的角度给您一点儿提示和建议，供您参考。

关于使用本书的一些特殊说明

● 本书提供的父母与孩子玩创意的方式是由讲一篇小故事开始的。大部分故事的结尾设计成问句，是为了创造亲子之间的对话，让孩子表达自我感受，再进行艺术创意。

● 父母可以带领孩子按照书的顺序开始创作，也可以从购买此书的那个季节的篇章开始，让孩子的外在经历与内在感受融为一体。

● 在带孩子进行涂画、手工之前，父母先阅读一下每篇中写给父母的话、工具准备以及进阶篇的步骤，这样您就可以从容不迫地带领孩子玩创意。

● 书中所写的有些特殊材料，如果家里没有，父母可以发挥想象力用现有的材料替代。所以，欠缺了什么材料请不用紧张，其实在一切状况下都是可以进行创作的。

● 对于常用的辅助材料，例如，调色盘、洗笔的水罐、画画的围裙等请父母结合实际情况准备，书中没有做特别标明。

● 父母在带孩子参加大人聚会、聚餐或者旅行时，可以带上这本书，让孩子在书上进行基础篇的涂鸦，这样孩子就不会无聊地一直玩手机游戏了。

● 本书的空白页可提供孩子在“基础篇”完成后进行“进阶篇”

创作，也可在孩子意犹未尽时，进行随意涂鸦。

● 一些“进阶篇”创作可能会造成本书不平整，父母也可为孩子另准备适合的画纸进行创作。

● 如果父母想让此书更具有意义，您也可以在固定的时间陪伴孩子一起来完成进阶篇，这将成为您与孩子美好的亲子互动时光。

材料与工具

纸张篇

图画纸：素描纸或速写纸，也可以用复印纸替代。

水彩纸：这种纸吸水性强，运用颜料上色时可以让颜料晕染得比较均匀，而且有厚度，不易破或皱。

粉彩纸：这种纸比较容易吸收粉彩，可以让粉彩晕染开。

棉纸：这种纸比较薄，而且柔软可透光，也可以用薄面纸替代。

色纸：彩色的不透明纸，也可以用杂志内页替代。

厚（硬）纸板：有一定厚度和硬度的纸板。

玻璃纸：是一种透明而薄的彩色纸，也可以用糖纸替代。

卡片纸、名片纸：这种纸有一定磅数，是一种较硬较厚的纸。

锡箔纸：银色的烘焙用纸，易于塑形。

颜料和画笔篇

水彩颜料：质地轻盈，较透光，可以用水调和浓度。

广告颜料：质地浓稠，不透光，不需用水调和。

亚克力颜料：是一种较常用来替代油画颜料的颜料，加水稀释后会变透明，但颜料干的速度较快。

蜡笔：质地较浓稠，油性，不会被颜料染色，不易混色。

粉彩：无油，易出粉末，颜色轻柔，适合混色。

墨汁：书法用，瓶装。

彩色笔：是一种油性的彩色签字笔，可以画在任何材质的表面。

彩色铅笔：无油性，线条较细。

素描铅笔：有各种型号，代表着不同硬度。

炭笔：常在素描时使用的画笔。

水彩笔：是涂颜料用的笔，分鬃毛和塑胶的两种材质，鬃毛的更好用。有尖头和平头的各种大小号码，请酌情选用。

涂画笔：无特别指定的画画笔。

其他手工材料篇

羊毛毡：染色的天然羊毛，遇水后毡化形成羊毛毡。

珍珠板：可用包装材料的泡沫板替代。

卷首　人物介绍——我

我是一个可爱的小孩，妈妈叫我兔宝贝。因为每天我都很开心，总像只小兔子一样蹦来跳去的。所以喜欢蹦蹦跳跳的我，当然不喜欢上床睡觉啦！可是有时睡着了被妈妈叫醒，又会有点点生气。因为啊，我正做着有趣的梦呢，但是妈妈的叫声把它们都吓跑了。

我脑子里每天都会冒出很多小问号：

为什么天上的星星会眨眼睛？

为什么下雨前会有敲鼓般的雷声？

为什么毛毛虫是蝴蝶的小宝宝？

……

我对周围所有事情都很好奇，也会进行许多小冒险；

我最喜欢的食物就是水果，吃进嘴里就像开出美丽的花儿一样喜悦；

我还喜欢玩各种游戏，每次游戏时，我的笑声就像风铃在风中唱歌一样清脆。

我呀，希望和你成为好朋友。

所以请你帮我起个新名字吧。我叫________。

猜猜我几岁？我今年________岁。

你觉得我是一个聪明可爱的小男孩，还是小女孩？

你希望我长什么样子呢？

我的个子：（高高的、小小的）；

我的身材：（圆嘟嘟的、瘦瘦的）；

我的头发：（长长的、短短的）；

我的眼睛：（圆圆的、细长的）。

现在，把我画下来吧！

与父母对话

这本书的故事是由一个小孩子作为主人公而贯穿全书。请您的孩子为他（或她）取个名字，再猜想一下小主人公的年龄、性别、外貌等，圈出特征词，并引导孩子对小主人公各方面进行想象。如果孩子还不会写字，就请大人帮忙记录下来。在这本书中，都会对小主人公用“我”来代指。

因为很多孩子会借由玩娃娃或者与想象中的人物相处、对话，把自我投射在活动中，以此来完成心理层面对自我的认识、照顾和梳理。大人可以通过对孩子活动（涂画、游戏等）的观察，更好地认识和引领孩子发展自我特质。本书以一个小孩子作为主视角就是此用意。其实从某个层面来讲，孩子眼中的小主人公就是孩子自己。

目 录 Contents

春之篇 · SPRING

夏之篇 · SUMMER

秋之篇 · AUTUMN

冬之篇 · WINTER

春之篇

SPRING

01 春的脚印

季节变化、黑夜白天轮替是地球的韵律，而地球的韵律是一切生命的基础，形塑着人类的身心。

妈妈说："我们一起去花园寻找春天的脚印吧！"

我开心地立刻去穿鞋，准备出门。

妈妈马上把我抓回来，给我穿上外套、戴上围巾和帽子。

她说："春捂秋冻，春天还是凉凉的，要穿暖和。"

楼下的花园还是光秃秃的。大地被枯黄的小草覆盖着，一片土黄色，没有任何春天的脚印。

我问妈妈："春天的脚印到底在哪儿啊？我怎么没有看到呢！"

妈妈牵着我的手一起蹲下来，说："你仔细看，在枯草中间是不是有绿色的小芽冒出来啦？你看，这里有，那里也有，这就是春天的脚印啊！"

哇，真的耶！藏在枯草间。有好多绿色的像小点点一样的新芽。

我开心地笑着说："妈妈，原来春天是跳着芭蕾舞来的，她踮着脚尖走路，所以脚印都是一点一点的。"

你有没有发现春天的脚印呢？除了在草地上，她还在哪里留下了脚印呢？

创意引导

在本篇画作中，小芽、等待发芽的小树和探出头的小虫是早春的脚印。请孩子继续画出他看到的春天。爸爸妈妈还可以引导孩子想象："在发芽的时候，还有谁来了？"微风、小鸟、白云、阳光……把它们也画下来吧！

A. **基础篇：** 请孩子用蜡笔、彩色铅笔或者彩色笔，自由进行涂鸦吧！

B. **进阶篇：** **问候卡制作——春天**

所需工具：厚纸（素色名片纸或卡片纸）、剪刀、打孔机、毛线或丝带等。

1. 请孩子在厚纸上涂画出春天的景物。
2. 剪成想要的形状和大小。
3. 在剪好的纸片顶端用打孔机打洞。
4. 穿上毛线或丝带，系好。

制作好的春天问候卡可以放在餐桌上或当成礼物送给别人。

与父母对话

春有百花，秋有月；夏有凉风，冬有雪。

每个季节的美妙转变都蕴藏着深远的意义。

对于孩子，他们是用全身心来感受地球的韵律的。在大自然周而复始的韵律中，孩子收获了喜悦、收获了安全感、收获了神奇的生命力量，孩子的身体变得强壮、心灵被深深滋养。

爸爸妈妈们，请带孩子一起寻找春天吧！孩子可以从小草、树木、微风、昆虫、鸟儿等自然万物中，寻找春的身影，感受万物复苏和生命发芽成长的状态。

02 春雨

绵绵细雨的日子，给孩子穿上保暖的衣物，穿好雨衣雨靴，和孩子一起去雨中散步，让孩子好好享受在雨天漫步吧！

春天的小雨细细绵绵，像纱巾一样轻柔，还夹带着小草的香气。

花园里的石板路上，泛着油亮的光。雨滴在地上，画出一个又一个小圆圈。我穿着雨衣雨靴，高兴地走在小路上，踏着这些小圆圈。

雨滴滴落的速度好快啊！我总是跟不上它们的节奏，无法踩准它们的节拍。

前方有个浅浅的水洼，我开心地双脚一起跳入，水花发出“扑叽”的笑声。

我伸出手迎接小雨滴，它们一个个跌落在我的指尖、掌心，冰冰凉凉的。

小草上的水滴正排着队，等待溜滑梯。咻——一颗滚落下来，下一颗水滴好像有点儿害怕，它酝酿好久，才有勇气滑下来。

美丽的花朵都戴上了晶莹的珍珠项链，显得更加娇艳。

你喜欢在雨天散步吗？天空中，会飘出彩色的雨吗？

创意引导

在本篇画作中，有一把小雨伞和一只匆匆赶着回家的鸡妈妈，请孩子根据想象，把雨中的故事完成。比如，空中的雨丝、地上的小水花等。

A. **基础篇：**请孩子用蜡笔、彩色铅笔或者彩色笔，自由进行涂鸦吧！

B. **进阶篇：吹洒画——雨滴**

所需工具：水彩纸、水彩颜料、调色盘（或盛颜料小碟）、吸管、牙刷、涂画笔等。

1 请准备一张水彩纸。让孩子选好心目中雨滴的颜色，几种颜色都可以，然后在调色盘中把水彩颜料加水稀释。

2 让孩子用吸管直接蘸一点儿颜料，在纸上吹出空中飘着的雨滴；或者用牙刷蘸上颜料，用手指刮牙刷，让颜料洒在纸上形成雨滴；也可以直接滴颜料到纸上，再用吸管对准颜料滴吹出地上的水花。

3 等颜料干了，再让孩子自由用涂画笔画出雨中的故事，完成画作。

与父母对话

水永远是孩子的好玩伴，爱玩水是孩子的天性。在生活中，孩子喜欢在水龙头下模仿大人洗洗涮涮，喜欢在澡盆里玩可漂浮的玩具。在大自然中，孩子喜欢在海边踏浪，喜欢在大湖中划船荡漾，喜欢在小溪中逐水流、拍水花。

当水化作“雨”从天而降时，这对于孩子更是神奇而美妙的事情！请允许孩子伸出小手迎接、触摸雨滴，用小脚踩踩雨水汇成的小水洼。因为雨的声音、气息、形状、颜色……都会给孩子带来多重的感官感受。

03 雨天的小蜗牛

路上的小草、小花、小昆虫、小石头……每一个都是独一无二的，都是新奇美妙的，都在等待我们的目光。孩子深深懂得。

在花坛边，我发现了一只小蜗牛。

它背上有一个圆圆的壳，身体像小虫一样软软的。

它在石板路上，滑着缓慢的冰上舞蹈，优雅地散步，不急不慌。

或许是背上的壳太重了，它需要很多力气才走得动。所以它走走停停，休息够了，有力气了，再接着走。

妈妈说，蜗牛背上的壳是它的家。

小蜗牛每天背着房子散步，可真辛苦啊！

你见过小蜗牛吗？来装饰蜗牛的家吧！

创意引导

在本篇画作中，有几只小蜗牛，一只已经背上了壳，其余还没有。孩子既可以在蜗牛壳上涂上不同的美丽颜色，还可以画些不同形状的蜗牛壳，设计最具创意的蜗牛。请孩子把整幅画画满蜗牛吧！或者画些蜗牛生活的环境，比如，花朵、树木、墙壁、石板路等都可以。

A. **基础篇：** 请孩子用蜡笔、彩色铅笔或者彩色笔，自由进行涂鸦吧！

B. **进阶篇：** **印压画——蜗牛**

所需工具： 2~3片海绵、厚面纸（或者棉条）、水彩纸、橡皮筋（或胶带）、亚克力颜料（或者彩色印泥）、调色盘、尖头水彩笔、涂画笔等。

1 请准备一张水彩纸或在画页上直接作画。

2 拿海绵、厚面纸条或者棉条，卷成筒或厚条状。卷的过程，请孩子一同来做。卷好后用橡皮筋或胶带固定，或者直接手捏固定。

3 把亚克力颜料挤入调色盘，不加水当成印泥，也可以直接用彩色印泥替代。

4 把卷筒的两头蘸上不同颜料，压印在画纸上，当蜗牛的壳。

5 等颜料干了，身体部分可以用水彩笔蘸上颜料或者直接用涂画笔来补充完成。

与父母对话

大人的世界总是忙忙碌碌的，我们总是盯着目标赶路，从一个目标奔向下一个目标。然而，孩子总是走在路上，慢慢享受在路上的过程。和孩子一起慢下来、蹲下来，我们也会像孩子一样看到生活中被忽略的那许多微小的感动。或许这时你会发现，生命过程中的所有“遇见”才是真正的目标所在。

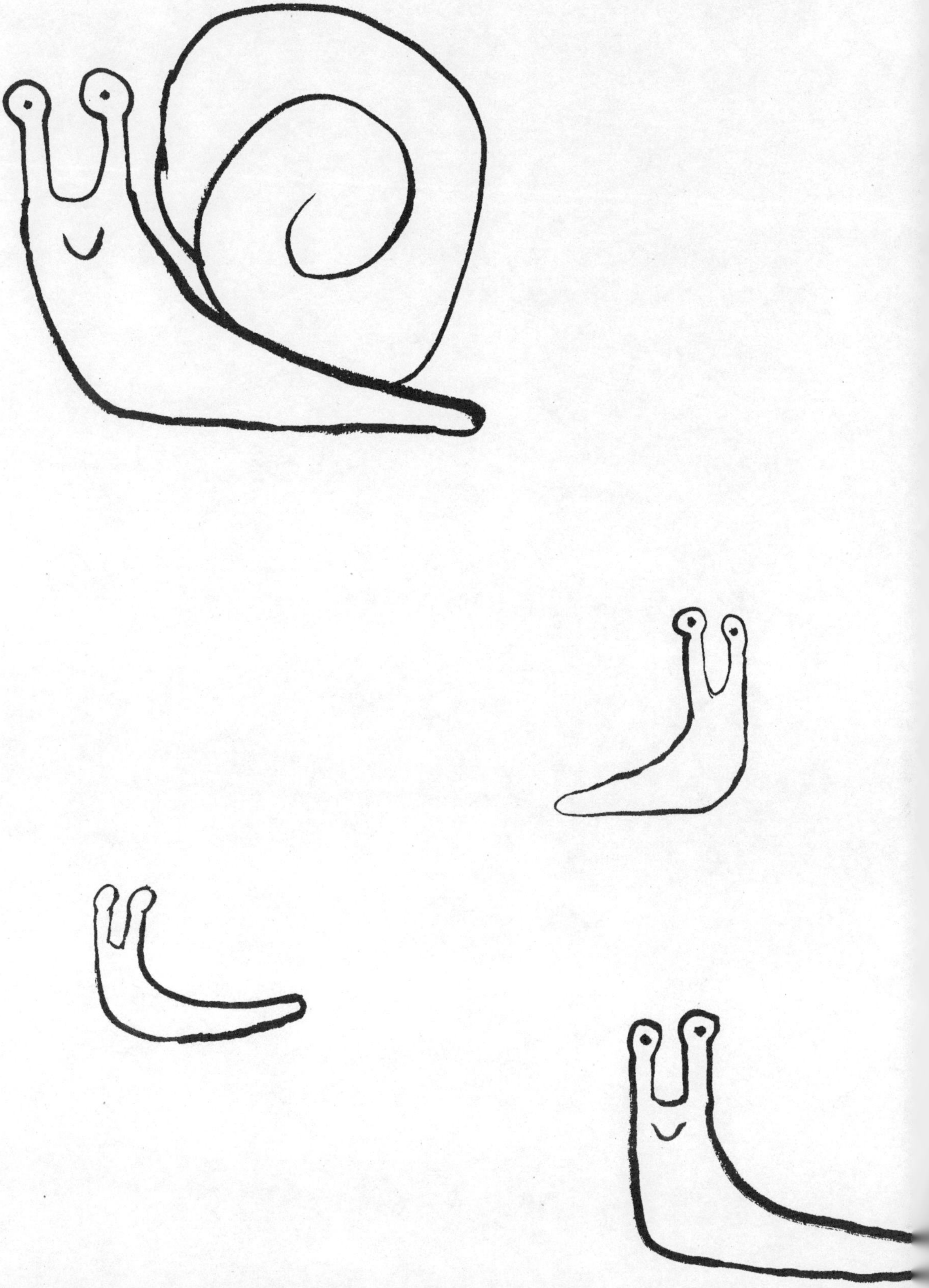

04 花儿开了

有人说童谣、诗歌不是针对孩子的头脑而是针对孩子的心灵在说话。当童谣、诗歌像花儿绽放时，孩子的心灵也会绽放。

春天是个美丽的季节。楼下，花园里的小草穿上了新长袍，花儿换上了华丽的舞裙。

黄色的小短裙、粉色的薄纱裙、红色的蛋糕裙、紫色的晚礼服、白色的婚纱裙……春天是花儿的盛大舞会。

妈妈为我念了一首童诗*：

花是不会飞的蝴蝶，
蝴蝶是会飞的花。

蝴蝶是会飞的花，
花是不会飞的蝴蝶。

花是蝴蝶，
蝴蝶也是花。

我觉得呀，花儿是乖乖的蝴蝶，不会乱跑乱跳；蝴蝶是淘气的花儿，到处东奔西跑。不论是淘气的花儿，还是乖乖的蝴蝶，我都很喜欢，它们是春天最美的颜色。

你喜欢春天的花信吗?

* 选自台湾著名诗人林焕彰先生的作品《花和蝴蝶》。

创意引导

在本篇画作中，有花朵和小昆虫，请孩子画出春天里的花园和其他小昆虫吧！

A. **基础篇：** 请孩子用蜡笔、彩色铅笔或者彩色笔，自由进行涂鸦吧！

B. **进阶篇：** **手指印画——花朵与昆虫**

所需工具： 图画纸、水彩颜料（或者彩色印泥）、涂画笔。

1 请在画页上直接创作，或另准备一张图画纸绘画。

2 大人和小朋友一起用手指蘸水彩颜料或彩色印泥，在画纸上盖指印来做基础形状。

3 用笔再对已经盖好的指印做细节线条的描绘。

看一看把乱乱的手指印添加一些线条，可以变成什么样的花朵、蝴蝶或其他小昆虫？发挥想象力吧！

与父母对话

孩子喜欢押韵、朗朗上口、有趣且富有画面感的童谣和诗歌。

童谣、诗歌富有韵律性和节奏性的特点，呼应了孩子身心对于节奏韵律的需要和感知。

童谣、诗歌的生活化、趣味性的特点，也能满足孩子对世界的好奇和发现的喜悦。

童谣、诗歌富有图画性的特点，还可以带给孩子美感和丰富的想象空间，符合孩子在幼年时期图画式的思考模式。

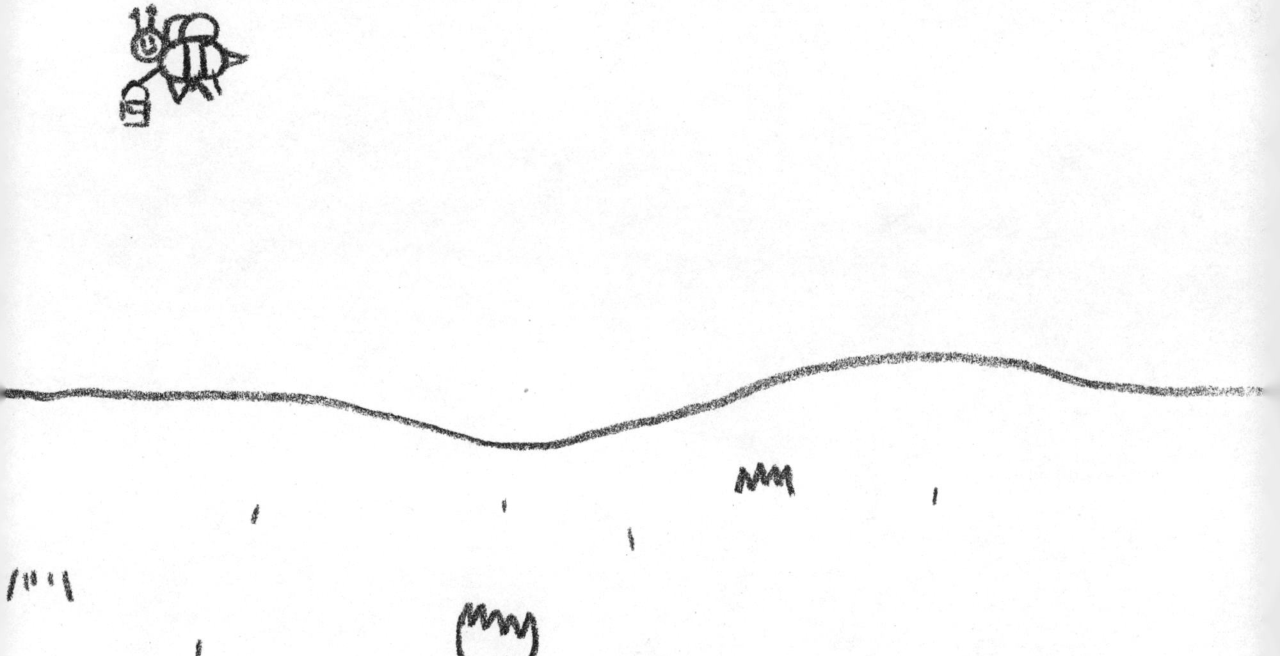

05 小鸟

让大自然围绕着孩子，丰富孩子的感官经验，滋养孩子的心灵吧！对于城市孩子来说，这是不可多得的幸福，也为孩子打开了一扇艺术的大门。

城市里，最常见到的小鸟就是麻雀了。

每只麻雀都穿着同样颜色的、用麻线织成的大衣。它们就像幼儿园的小朋友一样，叽叽喳喳，很爱热闹。时而成群结队地停在树顶的枝头，时而又忽悠一下飞落在草地上跳来跳去。

每次看到草地上的麻雀，我都会张开双臂，扑过去追它们。

妈妈说："你又不是小猫，为什么喜欢招惹小鸟呢？"

其实，我是风啦，我呼叫着，把它们像落叶一样吹散了。

有一次，妈妈爸爸带我出去玩儿，我们住在树林边的小木屋，对面有一个像翠玉一样的湖泊。

在那里，我见到了许多平常看不到的漂亮小鸟。有的有着像阳光一样的金色羽毛，有的有着像小草一样的绿色羽毛，有的有着像火苗一样的红色羽毛，还有的有着像大海一样的蓝色羽毛……

清早，小鸟们快乐地唱着歌，像闹铃一样叫我们起床。

你看，大树上停满了各种小鸟呢！

创意引导

在本篇画作中，有一棵大大的树，树下有一只躺着的大鸟。请孩子让树上停满各种小鸟吧！都停了什么鸟呢？除了可以画出颜色、大小不同的小鸟，也可以用语言引导孩子想象各种姿态、情绪、状况的小鸟。例如，睡觉的小鸟、唱歌的小鸟、生气的小鸟、玩游戏的小鸟、吃大餐的小鸟、等待妈妈的小鸟、跌倒的小鸟、跳舞的小鸟……当然，也可以画飞到天空或是停在地上的小鸟。

A. **基础篇：** 请孩子用蜡笔、彩色铅笔或者彩色笔，自由进行涂鸦吧！

B. **进阶篇：** **垂吊风铃制作——小鸟**

所需工具： 硬纸板、涂画笔、剪刀、打洞器（或针）、两根棍子（或一个纸盒）、绳子、4个小铃铛。

1 请孩子在硬纸板上画4只小鸟，可以姿态不同，也可以颜色不同。

2 画好后把4只鸟分别剪下来，并在顶部中间打洞。

3 找两根棍子十字交叉固定成风铃顶部支架，或者用一个纸盒倒扣作为风铃顶部支架。

4 支架顶部系一根可悬挂的绳子。

5 支架四端垂吊系好4根绳子，绳子长短可以一样，也可以略微不同。

6 每根绳子尾端先系上一个小铃铛，然后再系上小鸟纸板。

小鸟风铃就做好了，可以让孩子悬挂起来。

与父母对话

毕加索曾说：“试着了解鸟儿的歌声，去爱这朵花、这个夜晚，去爱围绕在身边的一切事物，试着了解它，就能打开艺术欣赏的大门。”

有时间时，带孩子去郊外或者乡下住几晚吧！早上被清脆的鸟叫声吵醒，白天在泥泞的山林小路散步，夜晚头顶着满天的繁星……

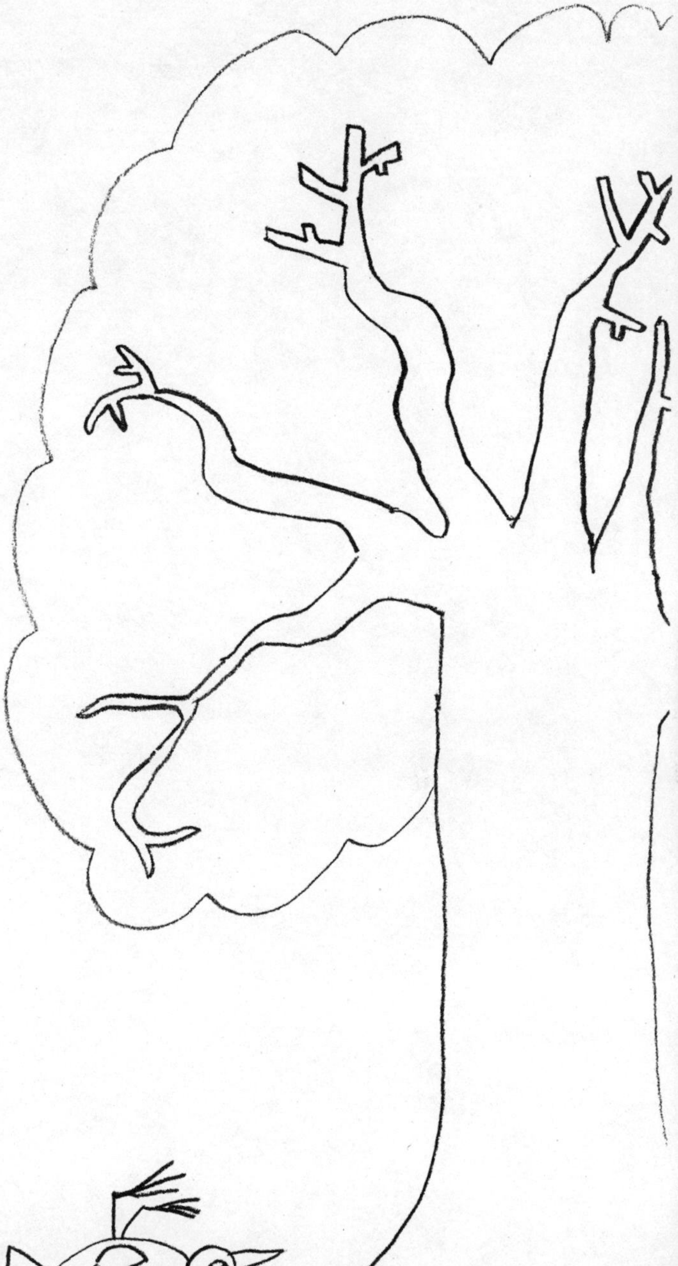

06 白云

孩子眼里的世界充满生命力，有着神奇的魔力。就像白云，它在天空中变化的姿态，对于孩子就像一篇童话，让孩子着迷。

春天，雨后的天空特别蓝。我在花园里跑累了，和妈妈坐在石凳上，边吃水果边抬头看着天空。天空中飘着一朵朵白云。

妈妈说：“云是山的围巾。”

我说：“云是太阳、月亮的棉被。”

妈妈说：“云是太阳的帽子。”

我说：“云是太阳、月亮的口罩。”

妈妈说：“云是月亮的棉花糖。”

我说：“天空是白云的懒床。”

妈妈说：“云是飞机的泡泡浴。”

我说：“云像我的小内衣，嗯，不要给别人看。”

妈妈笑了，伸手搔我痒。我笑着叫着跑开了。

你觉得白云像什么呢?

创意引导

在本篇画作中，有两朵云和钻进云里的小飞机。可以让孩子多画几朵不同形状的云，还可以在空中画出其他事物，例如，小鸟、太阳或不明飞行物等，并可为天空着色。

A. **基础篇：**请孩子用蜡笔、彩色铅笔或者彩色笔，自由进行涂鸦吧。

B. **进阶篇：**棉花贴画——白云

所需工具：水彩纸、蓝色水彩颜料、海绵、棉花、白胶、刷白胶用的小鬃毛画笔、涂画笔。

1 请在画页上直接创作或准备一张水彩纸，让孩子用海绵蘸蓝色水彩颜料，用印压和刷的方式为整篇涂上蓝色，作为天空。

2 等颜料干了之后撕些棉花，揉成各种具体形态贴在天空上。

3 用涂画笔画出其他事物，完成画作。

与父母对话

随着年龄的成长，孩子无边无际的想象力会逐渐被认知的增长而框住，孩子可能渐渐不再用想象的眼光去看待世界。

在孩子小的时候，大人有意识地引导孩子的想象力，并让孩子通过绘画、手工、诗歌等艺术的方式表达、记录下来，会延续孩子想象力发展的时间和空间。

07 风筝

去花园里散步，在草地小丘上奔跑、翻滚，到公园吹泡泡，到郊外搭个帐篷野餐，在广场或原野上放风筝，在阳光和微风中感受春天的温柔……

假日去公园，我很喜欢和爸爸一起放风筝。

我拿着大蝴蝶风筝，高高举过头顶。爸爸在不远处拉着线轴。我等着爸爸一喊“松手”，就把风筝抛向天空。

微风用双手接住了风筝，把它慢慢托得高高的。

我眯着眼睛，看着美丽的大蝴蝶越飞越高、越变越小，就像漂在河水中的一片小小的叶子。

后来，它飞得像蚂蚁一样小，我紧张地叫爸爸把它拉回来，我好怕它像飞出笼的小鸟，再也不回来了。

公园里放风筝的小朋友真不少，五颜六色的风筝飞在空中，就像一朵朵盛开的花朵，让蓝色的天空更加美丽。

你放过风筝吗？你的风筝是什么样子呢？

创意引导

在本篇画作中，有一只在放风筝的可爱猫咪，请让孩子画出猫咪拉着的风筝，并且可以多画些不同样式的风筝飘在空中，也可以画出拉风筝的人或动物。

A. **基础篇：** 请孩子用蜡笔、彩色铅笔或者彩色笔，自由进行涂鸦吧！

B. **进阶篇：** **粉彩画——风筝**

所需材料：粉彩纸、粉彩、彩色铅笔。

1 请准备一张粉彩纸，用彩色铅笔勾画各种风筝的轮廓。

2 用粉彩上色。在要上色的图形中涂上一点儿颜色，然后用手指把粉彩颜色涂抹开。（粉彩是极易晕染的颜料。）

3 用彩色铅笔做细节补充，完成画作。

如果没有粉彩可以用粉笔替代，在黑板或水泥地上作画。画作完成拍照留念后，请带孩子将其清理干净。

与父母对话

春天是一个喜悦欢欣的季节。大自然的一切开始由内而外发生着蜕变。风儿渐暖，种子发芽冒出头来，树木有了新绿，花儿绽放出美丽的容颜，小动物也开始活跃……

春天吸引着我们带领孩子由室内走向户外，去感受春天。

08 吹泡泡

把时间还给孩子，让孩子自由自在地玩耍。其实，那些简单的、属于孩童的游戏，才是孩子身心健康所需要的。

在花园里，和小朋友们一起吹泡泡好开心。

大大小小的泡泡飘在空中，它们好像会飞的玻璃球，在阳光下闪烁着七彩的光。

我们笑着、叫着、追着泡泡跑，可是泡泡比玻璃球还脆弱。它们在匆忙的逃跑中一跌倒，就“啪”的一声碎了。我们轻轻一碰，也会破碎得无影无踪。

有一天，妈妈把一个铁丝衣架弯成了大圆圈，把一大盆肥皂水端到小花园。她把圆衣架放进肥皂水中，然后又在空中轻轻一甩，居然飞出了比气球还大的泡泡。妈妈说，我的眼睛也瞪成了玻璃球，因为这真是好神奇啊！

你觉得吹泡泡好玩吗?

创意引导

在本篇画作中，有一个吹泡泡的小孩，请孩子为画作加上飞舞的各种颜色的泡泡，也可以加入其他人物。

A. **基础篇：** 请孩子用蜡笔、彩色铅笔或者彩色笔，自由进行涂鸦吧。

B. **进阶篇：** **盖章画——泡泡**

所需工具： 水彩纸、圆形可盖章的物品、亚克力颜料、调色盘、尖头水彩笔。

1 请准备一张水彩纸绘画。

2 找出家中不同大小可以盖圆形章的物品，例如，吸管、笔帽、瓶盖、螺帽、红酒软木塞等。

3 把这些物品蘸上亚克力颜料，既可以有秩序也可以无秩序地盖出大小不同的圆。如果有空心的圆圈，用水彩笔蘸颜料涂上颜色。

整幅充满彩色圆点的图画，可能看上去还会有些当代艺术家草间弥生*的风格哦！

与父母对话

大人过早地对孩子进行知识灌输，让孩子的童年充满认知学习的压力，是对孩子的“催熟”。

有时候，吹泡泡比提早识字、算术更重要。因为孩子需要通过玩耍来认识真实的世界，而不是认知学习。孩子的自主游戏可以强化孩子身体的意志力、心灵的感受力、头脑的想象力和思考力。

* 草间弥生是日本前卫艺术家，她的作品以重复性的圆点著称。

09 野餐

全家人一起到自然中野餐，是一个非常轻松悠闲的度假方式。
蓝天、白云、红花、绿树永远是最高级的餐厅。

假日，阳光灿烂。妈妈说："我们出门去追风吧！"我立刻欢呼起来，因为妈妈是要带我去郊外玩耍和野餐。

在树林和草地间，妈妈选了一棵冒出很多嫩叶的大树，拿出一个好大好大的野餐垫，在树下铺好。大树就是我们绿色的遮阳伞，垫子既是餐桌，也是座椅，还是我的小床。

妈妈的大提篮像一个魔法宝箱，里面藏着各种美味的食物。有像三角积木的火腿三明治，不过这个积木软软的，还冒着浓浓的奶香；有穿着黑色外衣的肉松饭团，妈妈说黑色外衣叫海苔，它脆脆的，咬起来嘎吱嘎吱的；还有五颜六色的水果，苹果、草莓、葡萄、猕猴桃，摆在一个大盒子里，像珠宝盒一样漂亮。妈妈还会变出小甜点，比如，小饼干或者果冻，都是我的最爱。

妈妈坐在垫子上看书，我和爸爸去踢球。玩累了就跑到妈妈身边吃可口的食物。有时候，我会央求妈妈给我讲个故事，我躺在野餐垫上，边听故事，边看白云散步；有时候，我会用面包屑喂小鸟，或者引出蚂蚁，看它们排队搬食物……

野餐的日子真是开心。

你喜欢野餐吗？你想吃什么食物呢？

创意引导

在本篇画作中有野餐篮、野餐垫，让孩子画上他想吃的野餐食物吧！可以请孩子在草地上画上小草、小花甚至小蚂蚁，还可以画上野餐的人物或动物。

A. **基础篇：** 请孩子用蜡笔、彩色铅笔或者彩色笔，自由进行涂鸦吧！

B. **进阶篇：** **食物图画创作——早餐**

所需工具： 盘子、水果、蔬菜、面包（或馒头）、果酱（或番茄酱等家中现有的食材）以及相应工具。

1 请准备一个纯色无花纹的大盘子。

2 准备一些切成各种形状的水果、可生食或煮熟的蔬菜。这个步骤可以考量孩子的年龄，带着孩子一起做。再准备面包或馒头类主食，以及可当颜料涂抹的果酱或番茄酱。

3 请孩子把相应的食材在盘子中随意搭配，组合成一幅图画。例如，一张笑脸或者卡通小熊等。

这幅作品完成后，请拍照留念，或将食物呈现的作品画在这本书上。然后，就可以开始享用啦！

与父母对话

对于用餐的规则和礼仪，无论是在室内还是户外，都是应该遵守的。当用餐完毕，请孩子一起把餐具收拾妥当，把垃圾清理干净，不造成对环境的污染和伤害。让野餐在友善环境的行动中更美好。

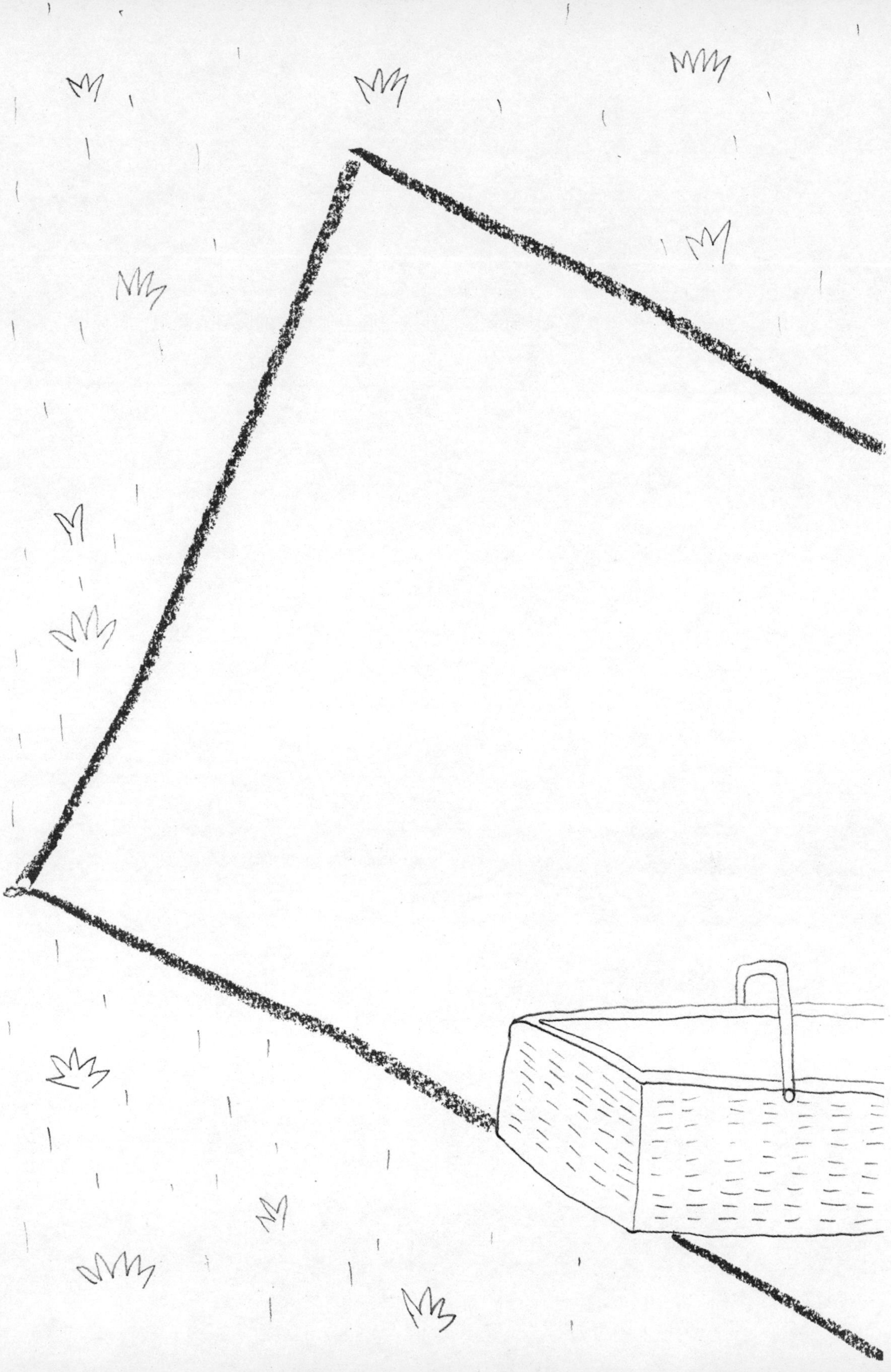

10 房子

在幼年期，孩子画房子不是对外在房屋的写生，而是内在自我图像的投射。

妈妈和我一起看了一本绘本，叫《小房子》*。

一片原野中，有个小小的小房子。小房子拉着绿树的手、小花的手、小动物的手，还有小朋友的手，每天都跳着快乐的舞蹈。我仿佛听见，在小房子旁边，小溪叮叮咚咚咚唱着歌；也听见在房前的院子中，小朋友们堆雪人、打雪仗的欢笑声。

有一天，挖土机来了，原野中开出一条大马路。随后房子、人群、车子越来越多，原野变成了城市。

小房子被高楼包围，它孤单地站在高楼的阴影下无法再舞蹈。我听见了小房子伤心的哭泣声，我也好难过。后来，小房子主人的孙子的孙子找到它，把它运到另一片原野中，小房子又可以像以前一样在春来秋往中跳舞欢笑。

我开心地合上绘本。

晚上，我做了一个梦，梦见我的家就在一片绿油油的草地上，是一个有着红色屋顶的小房子。那红色的瓦片像一瓣瓣玫瑰花在阳光下闪烁。大大的烟囱青烟袅袅升起，每个房间的玻璃都是彩色的，像宝石一样。院子里开满了五颜六色的鲜艳花朵，爸爸在忙着给花儿浇水，妈妈在院中的阳伞下布置餐桌，我在一棵大树下荡着秋千……

你梦见过小房子吗？你希望你的家是什么样子的？

---

* 这篇故事中推荐的绘本《小房子》是维吉尼亚·李·伯顿所著，简体中文版由南海出版公司出版。

创意引导

在本篇画作中，有地平线、小草和云朵，请孩子把对于房子（也是家）的内心图像画下来。

A. **基础篇：** 请孩子用蜡笔、彩色铅笔或者彩色笔，自由进行涂鸦吧！

B. **进阶篇：** **颜料与肥皂画——房子**

所需材料：水彩纸、水彩颜料、尖头水彩笔、肥皂、彩色铅笔（或蜡笔）。

1 请准备一张水彩纸。让孩子用蜡笔或彩色铅笔画出房屋以及环境的线条轮廓，只画线条，先不涂满色彩。

2 用水彩笔蘸上饱含水分的水彩颜料，然后在肥皂上来回涂抹几次。

3 用蘸了肥皂和颜料的水彩笔为图画涂上相应的色彩，等颜料干了后，会呈现水彩笔刷过的痕迹，如同为房子涂上了油漆。

4 用彩色铅笔做细节补充，完成画作。

与父母对话

有时，孩子画房子其实是画自己。可以说，人的身体也是房子，画房子代表了对自我的觉察与保护。有时，孩子是在借由画房子来表达他所感受到的自己与周遭世界的距离；有时，孩子画房子是对生活体验的一种表达。

11 我的妈妈

母亲在生活中稳定而温暖的言行，会给孩子建立对这个世界最初的安全感和生命中前行的力量。

我的妈妈是世界上最美丽的妈妈，她笑起来像花儿一样美；她讲话像鸟儿唱歌一样悦耳；她穿着漂亮的裙子，走路像风一样轻盈。

我喜欢妈妈抱着我，她的怀抱像羽绒衣一样温暖；我喜欢妈妈牵着我，她的大手像牛奶一样润滑；我喜欢妈妈亲吻我，她的嘴唇像棉花糖一样柔软甜蜜。

我时常想做个小礼物给她惊喜，不仅是在母亲节。

我会把她买的花布剪下一大块，给她当头巾，因为她围在头上一定比玫瑰花还美丽；我会帮她准备早餐，把麦片倒出大半袋，冲上我最爱的酸酸甜甜的橙汁，端给她；我还帮她把白色皮鞋磨掉色的部分用粉红色的指甲油画上了一朵花，这样就漂亮啦……

妈妈谢谢我的心意，但是她还说："花布剪掉了，就没办法做她想要的裙子了；麦片倒太多，吃不下；皮鞋要用专用的鞋油来上色，不能用指甲油涂……"妈妈说我真是个"甜蜜的小麻烦"。

今天，我还是决定要给妈妈一个惊喜，帮她做条项链，我们一起来设计吧！

创意引导

在本篇画作中，已经有了妈妈的大致轮廓，可以引导孩子先画出头发、五官、穿着，并设计一条项链画在妈妈脖子上。

A. **基础篇：**请孩子用蜡笔、彩色铅笔或者彩色笔，自由进行涂鸦吧！

B. **进阶篇：**手工制作——妈妈的项链

所需工具：色纸（或旧彩色杂志、挂历、画报纸）、通心粉、吸管、纽扣、珠子、曲别针、毛线（或绳子）、针、剪刀、白胶、胶带（或胶水）等。

1 请孩子把各种色纸剪成条状，然后把条粘成环，一个接一个连接成项链。

2 也可以把通心粉、剪短的吸管、纽扣、珠子、曲别针穿起来，做成项链。想想家里有什么可以穿起来的东西？都可以试一试。

最后，把完成的项链给妈妈戴上吧！

与父母对话

母亲是孩子最好的照顾者和最初的老师。母亲的角色要成为孩子可以模仿的榜样。孩子是看着母亲的背影长大的。

在孩子心中，每个母亲都是世界上最美的天使。幼年期的孩子也总是把全部的爱和信任献给母亲。尽管有时候孩子的行为会给大人造成不少麻烦，但那些“麻烦”却是孩子富有创造力的探索行为。

12 我的爸爸

借由专属父亲与孩子的时光，父亲可以更好地观察孩子、了解孩子，与孩子进行心灵互动，让父爱成为孩子生命中最坚实的力量。

我的爸爸，是天下最威武、最帅气的爸爸。

他有强壮的手臂，像大吊车一样可以轻易把我举过头顶。

他有坚实的肩膀，像运输机一样可以载我在空中飞翔。

他还有飞快的双腿，猎豹般的奔跑速度，我怎么追都追不上他，但他一定会停下来等我。

爸爸是最能让我开心的玩伴。他会陪我玩积木、拍皮球、堆沙堡、打水仗……

我的爸爸超级能干，除了他自己的工作外，还是我们家的专业司机、水暖工、木工、玩具维修工、电器维修工、救生员……

当然，他也会像我一样偶尔犯错，惹妈妈生气。上周日，他好心帮妈妈洗衣服，结果不知发生了什么状况，把妈妈最喜欢的一件白毛衣变得好小，小到只有小堂妹能穿。妈妈难过地说："爸爸是个甜蜜的大麻烦。"不过，我开心地觉得爸爸还多了一个魔法师的专长。

我的爸爸，真是天下超级无敌的爸爸。

你的爸爸呢？

创意引导

在本篇画作中，已有粗线条的人物轮廓，由于父亲的形象较母亲粗犷，所以不要限定孩子选择的涂画工具和颜色，可以鼓励孩子大胆尝试。

A. **基础篇：**请孩子用蜡笔、彩色铅笔或者彩色笔，自由进行涂鸦吧！

B. **进阶篇：手指涂鸦画——爸爸**

所需工具：水彩纸、水彩颜料（或墨汁）、调色盘。

1 在画页上直接作画，或另准备一张水彩纸绘画。

2 让孩子大胆用手指蘸水彩颜料或者黑色墨汁来画爸爸，不要限定用什么方式来涂抹，甚至用5根手指一起涂抹爸爸的头发都可以。让孩子尽情地享受用手指玩耍颜料的乐趣，让作品呈现另一种特别的粗犷质感。

与父母对话

父母由于性别的不同，在孩子心中的角色定位也不同。因此在孩子的成长过程中，父亲的角色不可缺少。父亲可能无法像母亲一样全身心地照顾孩子，但也不要认为孩子的照顾和教育只是母亲的责任。

孩子出生后，父亲最好长期担当一项照顾孩子的任务。父亲在照顾孩子中伸出援手，让孩子深刻体验到家庭中各角色的担当与互动关系，形成对于家庭的基础印象，这会影响到孩子成人后对于家庭的概念。

夏之篇

SUMMER

01 去海边

在堆沙堡的过程中，孩子长时间通过双手努力工作，强化了内在的意志力。那股形塑的力量，是由内在的心魂通过双手甚至四肢的力量，作用在沙土之上。

夏天到了，我最喜欢爸爸妈妈带我去海边旅行。

在飞机上，我远远地看到金色的沙滩，被深棕色的悬崖围拢成一湾，像被大鲨鱼咬下一角的巧克力蛋糕。半月形的沙滩，就是黄色的蛋糕坯*。

在沙滩上，我和爸爸一起堆沙堡。我用小桶一次一次地运来海水，把沙子搅拌成水泥，城堡越堆越高，我们还在沙堡旁挖了一条小小的护城河。

在大大的太阳下，我和爸爸很快就被晒得像烤熟的地瓜，而妈妈却躺在阳伞下看书，不肯出来。被我死拉硬拖地“邀请”后，她才肯出来参观我和爸爸的杰作。

在海边，时间过得好快，我总是觉得没玩够。

你见过大海吗？你在海边堆过沙堡吗？你的沙堡是什么样子呢？

---

* 内层海绵蛋糕。

创意引导

在本篇画作中，已经有一个小铲子和小水桶，远处还有一只小螃蟹。请让孩子在旁边画出各种各样的沙堡，也可以多画些沙滩上的小生物或其他玩沙工具与人物。

A. **基础篇：** 请孩子用蜡笔、彩色铅笔或者彩色笔，自由进行涂鸦吧！

B. **进阶篇：** **纸上立体塑形——沙滩**

所需材料： 棉纸、锡箔纸、黄色亚克力颜料、牙刷、胶带（或白胶）。

1 请准备若干彩色棉纸和锡箔纸。将本篇空白页剪下，或另准备一张图画纸。

2 让孩子用牙刷蘸上黄色亚克力颜料在画纸上刷出沙滩。

3 把棉纸和锡箔纸搓揉塑形。在需连接的地方，用胶带或白胶粘成立体的沙堡、阳伞、泳圈、球、人物等。棉纸和锡箔纸都是易立体塑形的纸类，两种可以单独使用，也可以用锡箔纸塑形后，在外面粘上所需颜色的棉纸。

4 等图画纸颜料干了，把做好的立体物体粘在图画纸上，就完成一幅立体图画了。

与父母对话

玩沙子、玩泥巴对于每个孩子都是非常具有吸引力的。看孩子玩泥巴、堆沙堡时，会感受到他们仿佛是天生的建筑师。

同时，每块沙土也都向孩子传递出地球生命的能量。有人说，人在童年没有双脚踩进过泥土，就不会懂得什么是故乡。那么，如果孩子没有玩过沙土、泥巴，也不会真正懂得生命的力量。

02 游泳

最适合孩子的游戏莫过于玩水了。因为大自然中的水，无论是小溪还是大海，都具有滋养孩子心灵的作用。

在阳光照射下，深蓝色的大海泛着粼粼的波光。嗅一嗅空气，有一股咸咸的海鲜的味道。

海水像一排手牵手的小朋友，一起往岸上冲，扑倒在柔软的沙滩上，发出“哗啦哗啦”的笑声。

那些白色的浪花，像馋嘴的淘气包，不停地舔着岸上像砂糖般的沙子。真的有那么好吃吗？我好奇地舔了一下手中的沙子，哎呀，比盐还难吃。我张着大嘴、苦着脸，“哎呀呀”地叫着。

妈妈赶紧拿矿泉水让我漱漱口。一吐掉难吃的沙子，我就急忙抓起游泳圈，套在身上，往大海跑去。其实，我不敢往大海里走太远。我喜欢套着游泳圈，坐在有海水浅浅涌进的沙滩上，让浪花一次一次扑在我怀里。等浪一过来，我就高声笑着尖叫。海水也扑进我嘴里，咸咸的。

爸爸是个游泳高手。在大海里，他像鱼儿一样自由地游来游去。他拉着我慢慢往大海里面走，有爸爸在身边保护我，我就不害怕了。

海浪从沙滩的手中，接过我的屁股、托着我的身体，像摇篮一样摇晃着我。我咯咯的笑声，也融入海浪的笑声里。

你曾在大海怀抱里游过泳吗？当然套着泳圈也算哦！

创意引导

在本篇画作中，有一片大海和海上玩水的人。可以请孩子画出他在海边看到的景色、人物。要知道，海里可是有很多“惊喜”哟。

A. **基础篇：**请孩子用蜡笔、彩色铅笔或者彩色笔，自由进行涂鸦吧。

B. **进阶篇：喷洒画——大海**

所需工具：水彩纸、报纸、蓝色水彩颜料、带喷嘴的小瓶、蜡笔。

1 请把加水稀释的蓝色水彩颜料装入带喷嘴的小瓶。

2 剪下空白画页，或另准备一张水彩纸。把画纸放在展开的大报纸上面，让孩子用小瓶对准画纸，把整张纸喷洒上大海的蓝色。（报纸可以防止孩子喷到其他地方。）在同样的地方多次重复喷洒可以用来加深颜色，创造出大海深浅不同的光影感。

3 等颜料干了，再用蜡笔涂画出大海上航行的各种船只和海面上玩耍的人或者鱼儿。

4 再用深浅不同的蓝色蜡笔补充大海的波浪，完成画作。

与父母对话

夏天，带着孩子到大自然中去玩水吧！

小溪，闪烁着阳光，亲吻着孩子的脚丫，叮咚的声音会深深流淌进孩子的内心。

海水，一波一波冲击着沙滩，飞跃出白色的浪花，也撞击着孩子喜悦的心灵。

这是极具疗愈作用的童年美好记忆。

03 鱼儿鱼儿水里游

对于幼年期的孩子，深入心灵的学习大多是经由身体感官的感受、探索性的行动与自身的经验相结合产生的。

在海边的礁石旁，我发现了许多灰色的小鱼，还有小螃蟹。

爸爸说：“大海里有许多漂亮的小鱼，我们坐玻璃船出海去看小鱼吧！”

玻璃船有两层，上面一层在海面上，往下一层像潜水艇，是在海里面。船壁上有许多小窗户可以看到海里的景色。

我兴奋地把脸贴在窗户上。深深的海底有很多奇形怪状的礁石、摇摇摆摆的海藻，还有既像花儿盛开又像树枝伸展的珊瑚。小鱼一群群“嗖——”地从这边穿梭到那边，比蜜蜂还忙碌。

我看到很多漂亮的小鱼，不禁张大了嘴巴。它们有黑白条纹的、黄色尾巴的、蓝色的、橘色的、银色的……居然还有一个庞大的身影，慢吞吞地从船边游过，我忍不住大叫：“海龟！海龟！”

你看大海里的小鱼游得多么开心啊！

创意引导

在本篇画作中，有一片大海和海上的一艘小船，请孩子画出各种鱼、海龟、海星、水母、珊瑚等有趣的海洋生物。

A. **基础篇：** 请孩子用蜡笔、彩色铅笔或者彩色笔，自由进行涂鸦吧！

B. **进阶篇：** **玻璃纸贴画——海洋生物**

所需工具： 水彩纸、蓝色水彩颜料、海绵、彩色玻璃纸（糖纸或折纸用的彩色纸）、剪刀、胶水、涂画笔。

1 请孩子用海绵蘸加水调和好的蓝色水彩颜料，直接在画页，或另备一张水彩纸，擦画出大海。

2 用彩色玻璃纸、糖纸或折纸用的彩色纸，剪出或撕出各种海洋生物的形状，等涂画大海的颜料干了贴在海中。

3 用涂画笔描出海洋生物的细节轮廓，完成画作。

与父母对话

如果大人希望孩子了解海洋，并不只是让孩子看图片、书籍、影片就可以达成。有机会多带孩子去海边玩耍、浮潜、坐船出海赏鲸、坐玻璃船看鱼等，这些亲身经历不但会丰富孩子对海洋的认知，还会发展出孩子对于自然的崇敬与尊重之心。

04 小石头

在大自然中的所有物质都是孩子最好的玩具。那一朵朵悄悄绽放的小花、一块块寂静孤独的小石头、一只只缓缓爬行的毛毛虫、一声声清脆短促的鸟啼……都会让他们欣喜雀跃。

在花园里，我很喜欢边走边寻找漂亮的小石头。

它们有的躲在草丛里睡觉，有的靠着大树聊天，有的躺在小路的边边晒太阳……要很仔细很仔细才能发现它们。

我把找到的小石头摊在掌心，给妈妈看。妈妈说："哇，是很特别的小石头哟。"

是吧，大人都找不到吧？我悄悄告诉妈妈："它们会闪着奇妙的光芒，朝我招手，而我一眼就看见啦！"它们都是独一无二的宝石啊！

妈妈给我讲过一个故事，一块山上的小石头经过了很多很多年，历经千辛万险来到城里……妈妈说每个小石头都有一个比河流还要长的故事。

你捡过小石头吗？它们是什么样子的？

创意引导

在本篇画作中，有一些小石头的轮廓，请孩子继续画些石头的轮廓。可以把整个画面都画满石头，也可以画成一条弯曲的石头路，然后再为石头涂上颜色。石头可以是五颜六色，也可以只有黑白，还可以是条纹石头、圆点石头，或有表情的石头。画完后，再请孩子讲讲石头在路上会有什么样的故事。

A. **基础篇：**请孩子用蜡笔、彩色铅笔或者彩色笔，自由进行涂鸦吧！

B. **进阶篇：天然素材画——石头**

所需工具：若干圆润的小石头、亚克力颜料（广告颜料或油性色笔）、尖头水彩笔。

1 去户外捡一些圆润的小石头。

2 用亚克力颜料、广告颜料或油性彩色笔，在石头上自由涂出美丽的图案，感受在石头上作画的不同触感和效果。

与父母对话

无论是郊外荒野，还是前庭花园，只要是自然之地，都是孩子理想的玩耍环境。孩子是张开双臂去迎接世界、拥抱生命的。孩子在自然中玩耍，把自然之物当作玩具，可以激发孩子丰富的想象力，让孩子拥有对世界的热情和爱的品质。大人不要阻挡孩子在自然中所展露的好奇心。

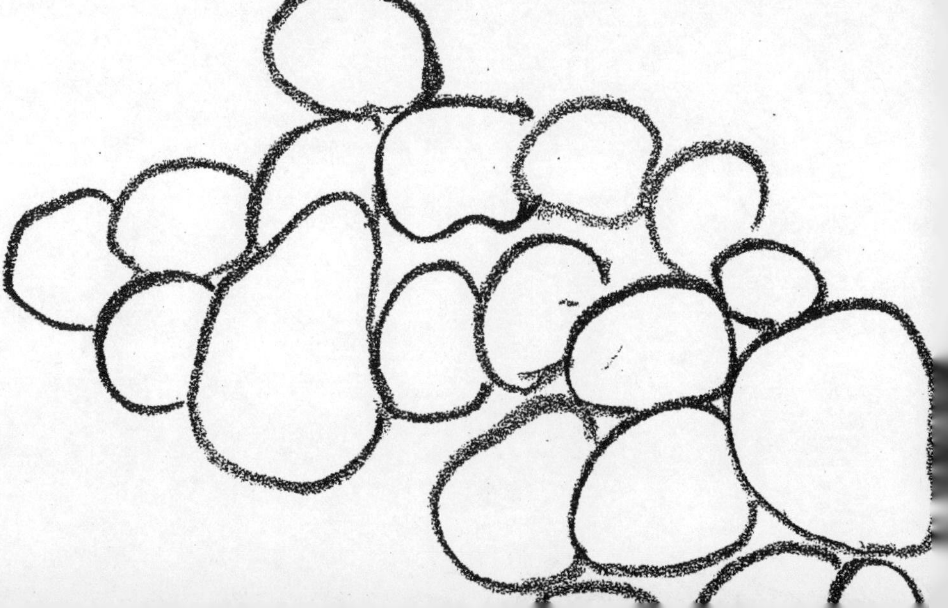

05 星星

在夜空下，孩子永远比大人更能感受到遥远的星星那份灵性的指引，我们是否可以还给孩子一个有星星的夜空？能否让孩子在心底保有星星力量的神奇？

夏天，夜晚的天空是深深的墨蓝色，月亮弯弯的，像笑眯眯的嘴巴。

在郊外的天空上，有好多好多的星星，比我在城里看到的多好多。它们都朝我眨着眼睛。

我问妈妈："天上的星星有多多？"

妈妈想了想，说："和地上的石头一样多。地上的石头数得完吗？"

我摇摇头："数不完。"

妈妈说："那天上的星星也数不完。"

我笑了。妈妈也笑了。

她又问我："宝贝，天上的星星有多多？"

我笑着说："和地上的小草一样多。"

我问妈妈："地上的小草数得完吗？"

妈妈笑着说："数不完。"

我说："那天上的星星也数不完。"

你知道天上的星星有多多吗？

创意引导

在本篇画作中，有一个小小的山坡，请孩子画出满天的星星，还可以画出在山坡上看星星的人物或动物。

A. **基础篇：**请孩子用蜡笔、彩色铅笔或者彩色笔，自由进行涂鸦吧！

B. **进阶篇：橡皮擦画——星星**

所需工具：图画纸、炭笔（或较软的素描铅笔）、橡皮。

1 在空白画页上直接创作，或另准备一张图画纸绘画。请孩子把纸的上半部当作夜空，把炭笔或较软的素描铅笔倾斜用斜角涂黑纸张成夜空。

2 用橡皮在黑色的夜空擦出一颗颗星星，甚至流星。

3 纸的下半部——夜空下的空白处，用铅笔随意画些想象的故事吧！

4 画完下半部的图画后，可以用橡皮在整张图画上轻轻擦出一些细细的线条。在铅笔画痕晕染开后，画面会呈现出一种黑夜的朦胧感。

与父母对话

夜晚有一种静谧的美丽。儿时，我们曾经在夜晚数过像星星一样一闪一闪的萤火虫，抬头寻觅着北斗七星，还有牛郎星、织女星……

然而，在现在的城市中，霓虹灯的喧闹，彻夜不眠的路灯、车灯的映照，家里电视、电脑荧屏的闪烁，已经搅乱了属于黑夜特有的品质。想一想，一年中有多少夜晚，城市的天空有着漫天的星星？有多少夜晚我们带着孩子抬头凝视过星空？

06 雷电

本篇故事介绍的那个充满智慧的祖母，她不用说教的方式，而是用行动的力量，巧妙而又不着痕迹地转移了孩子的恐惧情绪，把可怕的雷公变成美味点心。

一道闪电像刀一样，划裂了天空灰色的布幔。不久，天雷“咔——嚓”一声在远处某个地方炸开。

当我听到巨大的轰隆声，赶紧把耳朵捂起来。

妈妈把我拉进怀里说：“来吧，宝贝，我们一起看一本有趣的绘本吧！”

这本绘本名叫《雷公糕》*，是讲一个小女孩和我一样怕打雷。每当开始打雷的时候，她的奶奶就会说：“正是烤雷公糕的日子。”

然后，她们捡了鸡蛋，挤了牛奶，拿了巧克力、糖和面粉，一起烤了雷公糕。等到暴风雨从天而降时，小女孩和奶奶正在享用烤好的雷公糕呢！

听完故事，我舔了舔嘴唇，说：“妈妈，我们也来烤雷公糕吧！”

妈妈牵着我的手，说：“好啊，我们一起来准备吧！”

于是，雷雨来临的日子，我们家都会飘荡着蛋糕的香气。

你害怕电闪雷鸣吗？我们一起来画下它们吧！画下来后好像就一点儿都不可怕了呢！

---

* 《雷公糕》由美国童书作家派翠西亚·波拉蔻创作，江西科学技术出版社出版。

创意引导

在本篇画作中，有城市的高楼，请孩子画出电闪雷鸣的天空景象。

A. **基础篇：**请孩子用蜡笔、彩色铅笔或者彩色笔，自由进行涂鸦吧！

B. **进阶篇：贴纸画——闪电**

所需工具：图画纸、铅笔（或色笔）、金色（或银色纸）、旧杂志纸（或挂历纸或报纸）、剪刀、胶水、涂画笔。

1 在空白画页上直接创作，或另准备一张图画纸，请孩子将画页的上半部当成天空，用铅笔或彩色笔涂成灰色。

2 把金色纸或银色纸剪成或撕成条状，在空中或乌云下面贴成张牙舞爪的闪电。

3 把旧杂志纸或挂历纸或报纸（无论有什么样的图画或文字都可以），剪或撕成一栋栋大小、高矮、形状不一样的楼房，在图画纸下部贴出城市的模样。

4 看看是否要用涂画笔来补充细节。

与父母对话

孩子的认知、思考和情绪管理都尚未发展成熟。当孩子出现情绪困扰时，不会以大人的意志来改变。不是大人说“你要勇敢”“不许生气”，孩子就可以做到的。这时，往往大人的说教、劝导都不是很有效，大人会感到束手无策。

其实，对于困扰孩子的各种情绪，最好的处理方式就是用行动或故事的指引来转移。

07 彩虹

年幼的孩子特别喜欢发问，因为他渴望了解这个世界，渴望了解自己当下的感受。

夏日，短暂雨后，妈妈带我在花园里散步。我忽然看见天空中有一道大大的七彩桥，开心地大叫："妈妈，彩虹！彩虹！"

妈妈说："彩虹是太阳用七彩的笔，在天空中画的一条漂亮的彩带。"

我说："那是一架由七彩花儿组成的美丽的桥。我走过那架彩虹桥，找到妈妈，成为妈妈的小孩。"

妈妈笑着搂着我说："啊，你是云上的小精灵，谢谢你成为我的宝贝。"

在这架七彩桥上啊，有很多天使在唱着甜甜的歌。他们有的怀抱着小竖琴，有的拿着一篮金粉，开心得像蝴蝶一样飞来飞去，阳光正是他们撒下的金粉，微风悄悄把他们的歌谱送给了小鸟，小鸟在树枝上高兴地学唱。

你喜欢美丽的彩虹吗？

与父母对话

如果孩子问："天空为什么会有彩虹？"这时，大人不需要过早解释彩虹的科学常识，否则容易给孩子带来更多、更深的困惑，因为孩子还尚未具备抽象思考的能力。彩虹对于孩子来说是神圣而美丽的，这是孩子当下的感受。孩子的提问其实是在确认他当下对彩虹的感受。

对于幼年期孩子的提问，大人的回答应该呼应他的感知，描述出他所感受到的图像，这样才能满足和印证他的美好感受，让他心满意足。

创意引导

在本篇画作中，有一片原野，请孩子在原野上画出彩虹，并在田野上添加植物和动物吧！

A. **基础篇：** 请孩子用蜡笔、彩色铅笔或者彩色笔，自由进行涂鸦吧！

B. **进阶篇：湿水彩画——彩虹**

所需工具： 水彩纸、水彩颜料、平头水彩笔、调色盘、洗笔罐、垫板。

1 请准备一张水彩纸绘画。

2 把画纸全部浸湿，平铺在垫板上。

3 将红、黄、蓝三原色水彩挤在调色盘的不同格子中。如果是液体状水彩更为适合。

4 请孩子用干净的平头水彩笔一次只蘸一种颜料，从画纸的一角开始往中心涂抹出1/3大小的颜色，不需要画出具体事物。湿水彩画的特色就是颜色会很快晕染开。所以进行此练习，孩子不需要画出具体形状，只为感受色彩。

5 把笔洗干净，再蘸另一种颜色在水彩纸上从重合一小部分的第一种颜色开始，以顺时针方向，涂出1/3的大小。在下一个颜色和上一个颜色重合的部分就会晕染出现新的颜色，而在白色的地方只展现水彩本来的颜色。所以请孩子直接在画纸上混色，这会给孩子带来色彩的惊喜。

6 每画完笔上的颜料，需要再蘸颜料时，无论换不换色都请孩子把笔清洗干净后再去蘸颜料。这样涂出的颜色才不会看起来很脏。

7 依此，再把第三种颜料加进来，它会连接上第一种和第二种颜料，并分别与它们在纸上混色。在画纸上除了红、黄、蓝三原色外还会混出橙、绿、紫颜色。在混色的部分如果要突出效果、加深颜色，可以交替重复使用三原色中的两个颜色。

这样就完成一张如彩虹般的湿水彩画了。

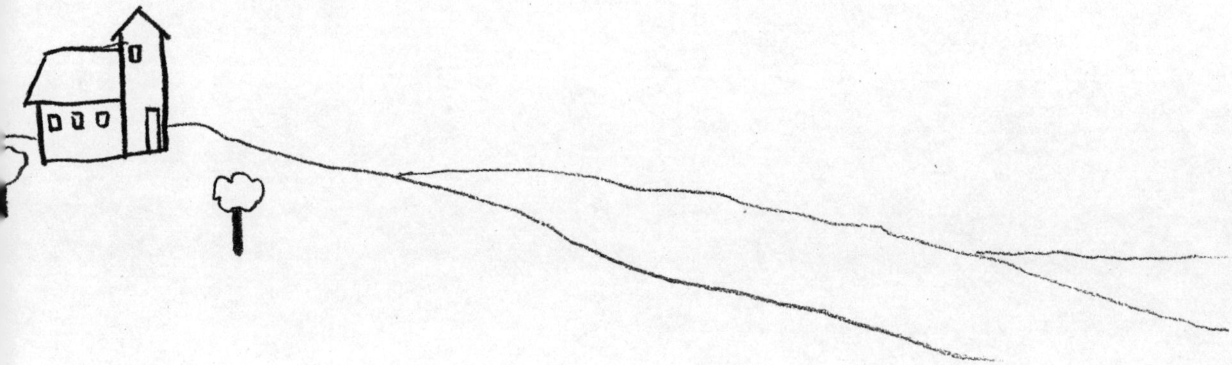

08 气球

孩子看事物的视角与大人不同，想象力也不大受认知和经验的约束，所以大人要尊重孩子的想法，放手让孩子天马行空地运用多种多样的素材进行各种尝试型创作。

一清早叽叽喳喳叫着、笑着的鸟儿，现在不知都跑到哪里去了。

知了随着温度的升高，开始上场表演。它们演出的是夏天的合唱曲，只是它们没有指导老师，还不懂得调音。它们只用一个音调合唱，却永不嫌累，这比那些有音调的催眠曲还容易让我进入香甜的午睡。

午睡后，妈妈带我去了公园。我看见一位叔叔，他拿了一大把颜色鲜艳的气球。妈妈买了一个橙色的送给我。

我牵着气球的线，看着它像一轮小太阳飘在我的头顶上。我开心地在草地上跑来跑去。一不小心，气球挣脱了我的手，飘在空中越飞越高。它飞得太快太高，我和妈妈都来不及抓住它。

我“哇”的一声，指着气球哭出来。妈妈搂着我说：“宝贝，云中的小精灵没有气球，它们非常感谢你送给它们的礼物。”我看着越来越小的气球，心想：“哪个小精灵会捡到气球呢？它一定会很开心吧！”我不再伤心了。

如果有一天，你的气球不小心从手中逃走了，那就送给云中的小精灵当礼物吧！

创意引导

在本篇画作中，有一个卖气球的叔叔，请孩子画出线上或者天空中飘走的五颜六色、各式各样的气球吧！

A. **基础篇：** 请孩子用蜡笔、彩色铅笔或者彩色笔，自由进行涂鸦吧！

B. **进阶篇：** **花瓣贴画——气球**

所需工具： 图画纸、花瓣、白胶、刷白胶用的小鬃毛画笔、彩色铅笔。

1 请孩子在空白画页上直接创作，或另准备一张图画纸绘画。

2 采摘一些不同颜色的鲜花瓣。

3 让孩子把每一片花瓣都当成一个气球贴在纸上，也可以用不同花瓣拼出独特造型的气球。

4 这些花瓣可以组合成拿气球的人物的衣衫、动物的身体，或者能组合成意想不到的事物吗？

5 用彩色铅笔做其他细节的补充勾勒，完成画作。

与父母对话

艺术创作并非一定要正确、如实地描绘出事物本来的样貌，而是要根据每个人独特的观察、感受、想象、思考来进行表达。

孩子的表达也许是跳跃的，也许是多视角的，也许是反常规的，也许是奇幻、另类的，这才是孩子艺术创作中最为宝贵的特质。很多艺术家在自己的艺术创作中一直想要追寻和还原孩子的这份特质。

在艺术创作中没有对与错，就请孩子大胆“冒险”吧！

09 冰激凌

从日常生活中为孩子建立秩序与韵律感，都能够给孩子带来安全感。

夏天的空气好像在蒸小笼包，湿湿黏黏，好热好热。汗珠像雨滴般，不停滚落。这时，最开心的事就是和妈妈一起去冰激凌店。

冰激凌店中有一桶一桶各种颜色和口味的冰激凌，它们待在冰冰凉凉的小玻璃屋里，向我展出甜美的微笑。每个看起来都像在向我炫耀“我最美味”“我最好吃”。

我趴在玻璃屋的屋顶，从这头滑到那头，又从那头滑到这头。我很想变成大鲨鱼，把它们全部一口吞下去。可惜，妈妈每次只让我选一球。

犹豫很久，我最后还是选择了最喜欢的巧克力口味。而妈妈喜爱柠檬口味。其他口味的冰激凌好像都很气馁，我只好盯着它们久一点儿，用眼睛把它们全都尝一遍，生怕它们抱怨“不吃我，这样不公平”。

你爱吃什么口味的冰激凌啊?

创意引导

本篇画作中，有一个倒三角形甜筒，请孩子在上面画出自己喜欢的冰激凌吧！余下的画面，请孩子自己设计创作，可以多画几个不同颜色的甜筒冰激凌，或者画一个人正拿着或吃着冰激凌……

A. **基础篇：** 请孩子用蜡笔、彩色铅笔或者彩色笔，自由进行涂鸦吧！

B. **进阶篇：** **毛线贴画——冰激凌甜筒**

所需工具： 图画纸、毛线、剪刀、白胶、刷白胶用的小鬃毛画笔、涂画笔。

1 在空白画页上直接创作，或另准备一张图画纸，在纸上画出倒三角形的甜筒。

2 剪几段不同颜色的毛线，让孩子用毛线交错成格子贴成甜筒的纹路。

3 再剪一段长毛线，把毛线缠绕成螺旋状或者圆圈状，做成冰激凌贴在甜筒上。可以让孩子自由决定做几个冰激凌。

与父母对话

大多数孩子喜欢甜食，因为甜味会给人带来放松与幸福感。如果一个孩子过于嗜甜，有可能是他所处的环境给他太多的压力，让他在身心上感到过多的紧张，从而依赖甜食来放松身心。当然，这种依赖是不健康的，过多的糖分摄取是不益于孩子身体健康成长的。

如果从心理层面来改善孩子对甜食的依赖，大人要检视孩子的环境中压力的来源。通常，大人与孩子相处的模式、孩子一天的作息节奏、孩子的玩具数量等，都是环境中常见的压力来源。

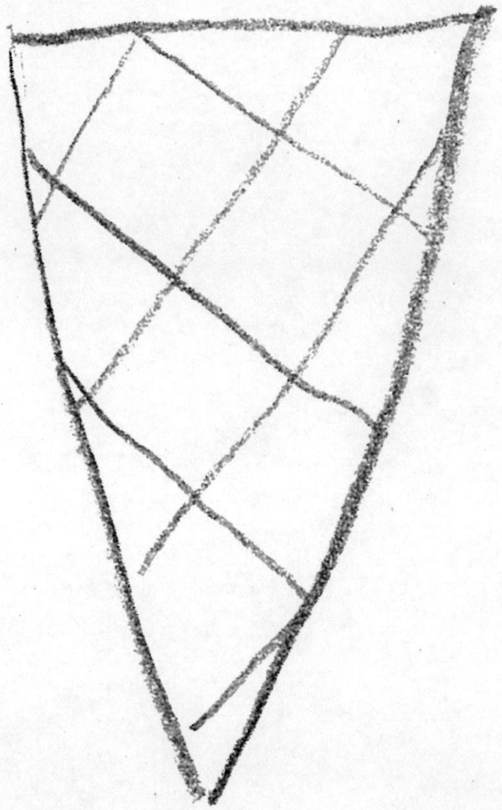

10 玩偶

当大人的专注、细心、耐心、意志力倾注在玩具的制作中时，孩子会感受到心手相连的满满的爱的能量。

我有好多玩具，积木、布偶、球、娃娃、小汽车……它们都是我的家人。

不过，我最喜欢的是一只小猫咪玩偶。这只小猫咪玩偶是妈妈亲手做的，它用白色毛线织成，肥嘟嘟的，是妈妈送我的生日礼物。我好喜欢它，每天睡觉都会搂着它。

我给它起了个名字叫跳跳。因为它呀，和我一样喜欢跳来跳去的。我不在家时，跳跳一个人很孤单，可是老师又不让我把玩具带到幼儿园。于是，我央求妈妈给我的跳跳再做一个小伙伴。

结果，哈哈，你猜猜看妈妈给它做了一个什么小伙伴啊?

你肯定想不到，妈妈织了一只黄色的小老鼠。猫和老鼠是天敌啊！不过我家的跳跳和咪咪不会，它们是最好最好的好朋友。

哦，对了。我的小老鼠叫咪咪。因为跳跳会教小老鼠爬树，还有学猫叫。小老鼠很聪明，一学就会，而且叫得非常像，所以小老鼠就叫咪咪啦。

我去幼儿园时，它们都很乖，一起等我回来。

你看，玩具都从不同形状的窗户中探出头来了。

创意引导

在本篇画作中，有不同形状的窗户和洞，这是玩偶的家，玩偶们从窗户或洞口探出头来了。画面中已经有了猫和老鼠，还会有谁探出头来呢？让孩子把探出头的玩偶画出来。人偶、动物偶、汽车……各种玩具都可以，当然也欢迎怪物。

A. **基础篇：** 请孩子用蜡笔、彩色铅笔或者彩色笔，自由进行涂鸦吧！

B. **进阶篇：** 制作门告示牌——玩偶

所需工具：长方形厚纸板、彩色棉纸（或色纸）、剪刀、胶水、彩色笔。

1 请准备一个长方形厚纸板，竖向使用。

2 让孩子把棉纸或彩色纸撕成各种尺寸的不同图形，贴在厚纸板上，可以重叠贴。让厚纸板呈现多种色彩质感。

3 厚纸板上部剪出圆洞，大小可以套进家中室内门的把手。

4 等棉纸干了，用彩色笔画出孩子喜欢的玩偶图案，动物或人物可以随意。

5 再写上文字，例如“宝贝房间”“请勿打扰”“嘘”，等等。文字也可以写在另一张纸上贴在厚纸板适合的位置。如果孩子还不会写字，也可以请大人代写。

完成后，就可以挂在门把手上了。

与父母对话

无论大人的手是否灵巧，都应该给孩子尝试制作一些手做的玩具。因为当大人为孩子亲手制作玩具时，孩子不仅看到了一件事物从无到有的制作过程，同时也看到了大人对于承诺的遵守与执行，以及对于事物的坚持与努力。这个过程正是孩子可以模仿和遵循的。

请为孩子亲手做一些玩具吧！

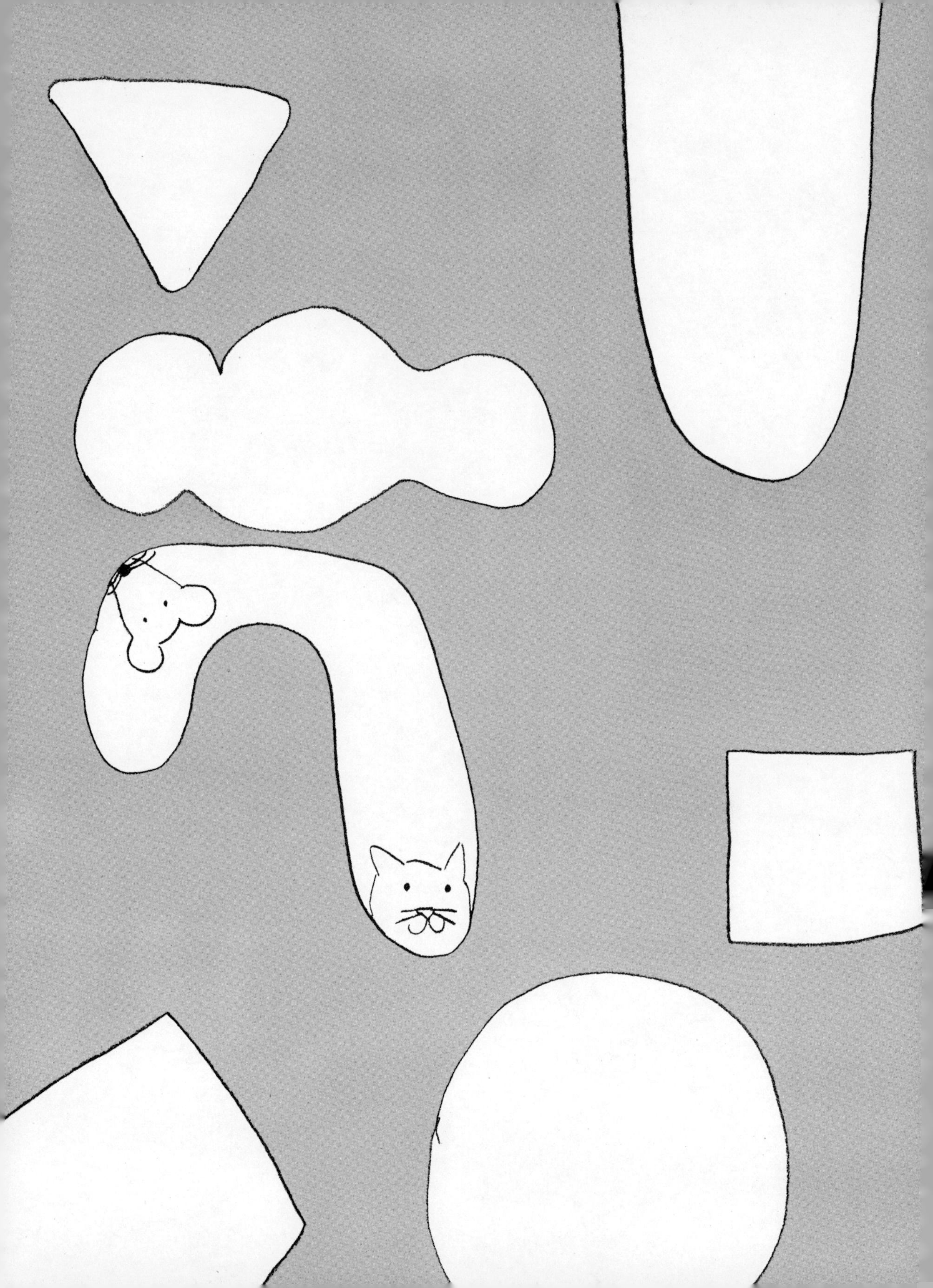

11 箱子

好的玩具能给孩子提供玩耍的机会，给予孩子想象、玩耍的空间。箱子、盒子就是这样既简单又好玩的玩具，如同具有魔法一般让孩子着迷。

我的房间里，有好多大大小小的盒子和箱子。

最大的一个，是妈妈买新洗衣机留下来的。我把它拖进了我的房间。我还有装烤箱的箱子、装电风扇的箱子、爸爸买书送的箱子、妈妈买鞋的鞋盒、我的玩具盒子……它们占据了我房间很大的地方。

有时，妈妈会皱着眉头说："哎呀，你的房间都变成垃圾回收站了。"

这些箱子怎么是垃圾呢？

这些箱子分明是我的小船，伴我在大海里航行；是我的火箭，载我飞向月亮；是我的商店，里面的商品欢迎妈妈来选购；是娃娃的家，娃娃开心地在里面吃饭、睡觉；是我扮机器人的道具，套上它，"妈妈，你不觉得我很神气吗"……这些箱子是这样有趣又可爱，是我的宝贝。

你有箱子或盒子吗？你用它们来做什么？

创意引导

在本篇画作中，中间有一个方形代表箱子，一只小猫探出头看箱子变魔法。请孩子把方形变成任何物品，并可以发展成故事。例如，一辆大货车在公路上跑；一栋楼房着火了，人们正在救火；大家围着桌子在吃饭……

A. **基础篇：** 请孩子用蜡笔、彩色铅笔或者彩色笔，自由进行涂鸦吧！

B. **进阶篇：** **立体创作——大纸箱**

所需工具： 纸箱、彩色笔、剪刀、大胶带。

请准备一个或多个大纸箱。和孩子一起用画笔、剪刀、胶带把纸箱制作成孩子想要的东西，例如，房屋、汽车、灶台、武士的盔甲……

与父母对话

其实，玩具对于孩子，是越简单越好的。市售的许多制作精良、价格昂贵的玩具并不适合孩子玩耍。有的玩具制作太过精致完善，没有留给孩子创造的空间，只留给孩子操作按钮和观赏它们的权利，并不适合孩子玩耍。有的过于重视声光刺激，煽动性过强，不适合孩子玩耍。还有一些商家不断推出免费玩具、优惠套装玩具、系列玩具等，用商业化促销手段吸引父母购买。这种玩具多数简陋、低质、易坏，不但造成对环境资源的大量耗损，也会刺激孩子不断“要”的欲望，非常不利于孩子健康发展。

12 我家的家旗

手巧会带领心灵。人的许多重要经验都是通过双手获得的。双手可以把存在于脑海的事物变成现实。

运动会开幕式中，运动员入场都会举着自己国家的国旗。每一面国旗都具有独特的色彩或图案。它们列成一排，迎风飘扬，真是威武。

我也要为我们家设计家旗，而且要设计好多好多面哟。

有的做成大大的。当我航海出行时，我要挂在我的纸箱大船的前端，可以助我乘风破浪；当我在沙滩上盖好堡垒时，我要插在最高的塔尖，为小螃蟹指引回家的方向；在爸爸公司开运动会时，我要边呐喊边用力地摇动它，这是对爸爸最棒的加油。

有的做成小小的。在节日时，我要把它们穿成一排，挂在墙壁上，这是最有气氛的庆祝；在外出野餐时，我要插在三明治上，成为妈妈手工牌的注册商标；我还要贴在给小朋友的礼物上，成为我的最好签名。

那么，你觉得家旗要设计成什么样子呢？

创意引导

在本篇画作中，有几个旗杆，请孩子设计各种图案的旗子，也可以让孩子随意增加旗杆或其他景物。

A. **基础篇：**请孩子用蜡笔、彩色铅笔或者彩色笔，自由进行涂鸦吧！

B. **进阶篇：**缝纫创作——布旗

所需工具：厚纸板、铅笔、剪刀、各种布头（或不要的衣物）、裁缝用粉饼、针、线、缎带（或毛线）。

1. 请准备一些不同颜色、图案的布头，或者是孩子穿小了不要的衣物。
2. 先让孩子在厚纸板上画出旗子大小的三角形，把它剪下来当纸型。
3. 用裁缝使用的粉饼把纸型描在布上，把布剪好。
4. 协助孩子用针线把布旗一个一个穿起来。
5. 在布旗的两端缝上缎带或毛线，就可以挂起来了。

与父母对话

从小带领孩子做手工，可以温和地唤醒孩子的创造力和完成事物的意志力，培养孩子观察和了解事物的能力，还可以提高孩子对于美的鉴赏能力。在做手工的过程中，孩子融合了思考、情感和意志三方面的能力，而手工完成时的成就感还可以帮助孩子建立自信心。

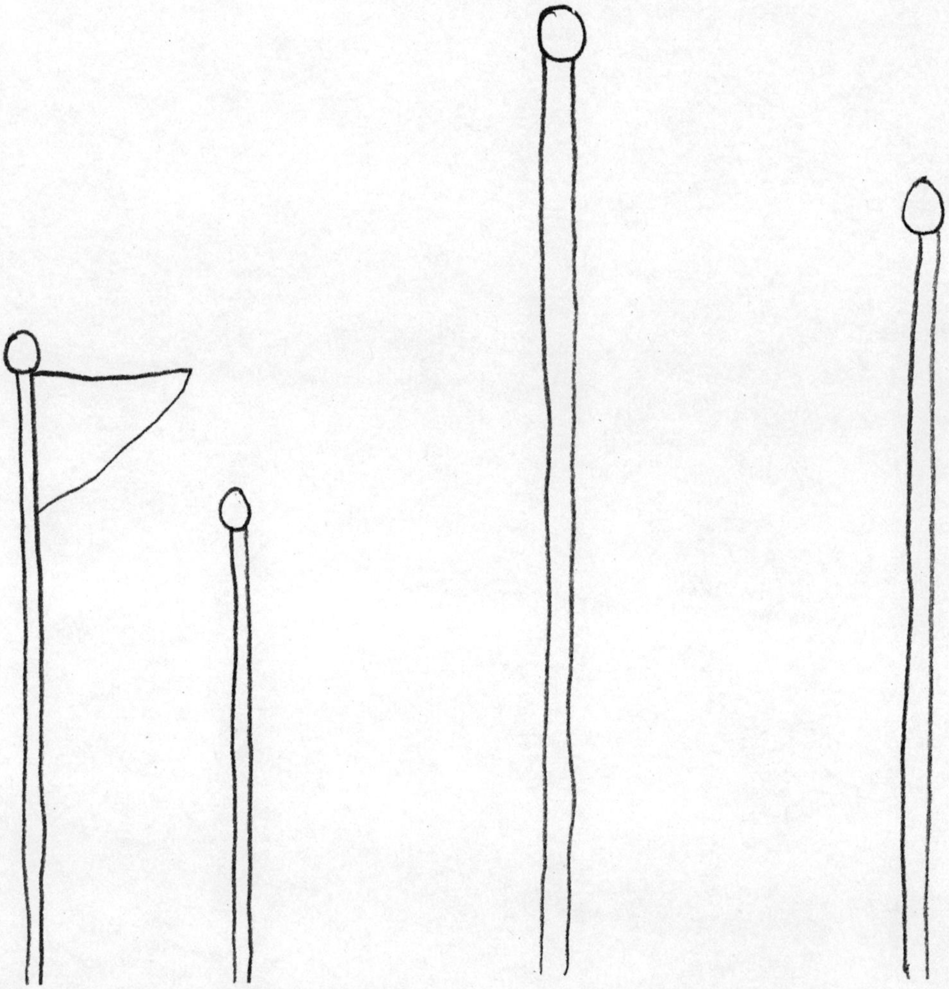

秋之篇

AUTUMN

01 幼儿园

对于幼年期的孩子，幼儿园应该是家庭的延伸。幼儿园对于孩子，最重要的是有爱的品质，这是给孩子最好的选择。

早晨，太阳刚“上班”，妈妈就像挖地瓜一样，把我从温暖的被窝里挖起来，带我去幼儿园。啊呀，这下，我从“小兔子”变成“小地瓜”了。可是，“地瓜”为什么要上幼儿园啊？“地瓜”每天和妈妈待在家里，多好啊！

妈妈说：“你长大了，要多和小朋友们玩儿，幼儿园里有很多小朋友，你们可以一起做游戏。”

我确实很喜欢和其他“地瓜们”一起跑来跳去。兴奋时，我们还会在地上滚来滚去。

我发现大人们都不太会打滚，他们大多都像棵树一样站着，或者像大石头般坐着。所以，和“地瓜们”一起玩儿，当然比较好玩。

幼儿园里有好多好玩的东西，有溜滑梯、摇摇马、跷跷板、小沙池、小木屋，还有各种各样的玩具。

虽然我每天早上都不想去上幼儿园，但是到了放学爸爸妈妈来接我时，我又舍不得和其他“地瓜们”说再见，好想在幼儿园多玩一会儿。

我知道了，幼儿园就是“地瓜园”，是专门负责种“地瓜”的地方。“地瓜们”长在一起，才不寂寞，会长得比较甜吧！

你的幼儿园是什么样子的？

与父母对话

一个幼儿园的好坏不在于是否标榜某种教育体系，也不在于设备的豪华，更不在于是否双语、有多少认知学习。

是否尊重每个孩子的独特性，给予孩子足够充裕的时间和空间，让他们按自己的脚步、自己的方式把事情完成；是否有着慈爱温暖的老师，可以成为孩子模仿的榜样；是否注重健康的饮食；是否有着固定的、充满韵律的作息，给予孩子安全感；是否有着日常良好习惯的培养；是否有着安全的、友善的、温暖的、充满美感的环境，才是选择幼儿园的最恰当标准。

创意引导

在本篇画作中，已有跷跷板，请孩子画出玩耍或奔跑的小朋友，或者幼儿园里其他的游戏器械，如小滑梯、摇摇马、小沙池等。

A. **基础篇：** 请孩子用蜡笔、彩色铅笔或者彩色笔，自由进行涂鸦吧！

B. **进阶篇：** **珍珠板版画——幼儿园**

所需材料：珍珠板（或泡沫塑料板）、至少两张图画纸、铅笔、胶带、亚克力颜料、平头水彩笔。

1 请准备一个珍珠板。也可以用包装材料的泡沫塑料板或一次性餐盒上使用的泡沫塑料板代替，记得剪掉不平整的多余部分。再准备两张图画纸。

2 让孩子在一张图画纸上用铅笔画出以幼儿园为主题的事物，图画以简洁为宜，线条不需要太细腻。

3 把画好的纸放在珍珠板上，用胶带固定。这样描画时，图画纸位置不会跑偏。用铅笔描一遍刚画好的图画，让笔印刻进珍珠板中。

4 抬起纸张，检查珍珠板上图画的刻印是否够深，也可以用手指触摸检查是否有刻痕。

5 用平头水彩笔把没有稀释的亚克力颜料涂在珍珠板上。可以只用一种颜料，也可以在想要的位置涂不同颜色。颜料要涂成厚厚一层。

6 用另一张新的图画纸放在涂好颜料的珍珠板上，用手均匀地按压整张纸，让颜料可以转印在图画纸上。

7 把纸拿起来，会发现纸上颜料中间出现漏白的图案，而图案会与当初所画的相反。把纸张晾干就完成画作了。

可以把珍珠板的颜料洗干净重复使用，涂不同颜料转印出系列画作。

02 朋友

从上幼儿园开始，孩子就进入了人生的一个新阶段。孩子进入幼儿园，就像步入一个小型社会。

幼儿园里，有两个“地瓜”是我的好朋友。

“地瓜1号”是一颗大个儿的地瓜，叫祥祥。他是男生，长得圆嘟嘟的，眼睛圆圆的、脸蛋圆圆的、身体圆圆的。虽然他这么圆，可是打滚的速度可没有我快。我们俩常常玩在一起，因为我们都喜欢用椅子搭成火车，然后轮流做司机，开着火车到世界各地。

“地瓜2号”是一颗没种好的地瓜，个头瘦瘦小小的。她叫贝儿，是一个女生。她总是笑眯眯的，不像其他女生很爱哭。她吃饭超级慢，比蜗牛还慢。每天老师都要催她“快点儿吃，快点儿吃”。但是她仍然笑眯眯地慢慢吃，总是最后一个吃完。她不喜欢当火车司机，却很喜欢当我们的乘客。我们一开火车，她就跑来要乘坐。所以，我和祥祥开火车，带着她去了很多地方哟。

在幼儿园里，你有几个好朋友？

创意引导

在本篇画作中，有4个小朋友脸的轮廓，请孩子完成小朋友的五官、头发，也可以画更多的小朋友。

A. **基础篇：**请孩子用蜡笔、彩色铅笔或者彩色笔，自由进行涂鸦吧！

B. **进阶篇：多视角拼贴画——奇怪的人**

所需工具：两张图画纸、涂画笔、剪刀、胶水。

1 请准备两张图画纸。让孩子在一张纸上用涂画笔画脸部人像。

2 用剪刀把图画剪成几个不同区块，不要剪得太小。

3 把剪好的区块，以不同的顺序，在另一张图画纸上重新排列，贴出一张人像。虽然是同样的元素，但会出现新的脸孔，仿佛一幅具有毕加索风格的人像画作。

与父母对话

在幼儿园里，孩子们在相互的玩耍中学习分享、认可、合作，学会如何融入团体，展现出社会性能力的一面，建立社交技巧，培养对他人和环境的敏感。

这段时期也是孩子的想象力、创造力发展的高峰期，应该给予孩子自主游戏的时间和空间。在自主游戏中，每个孩子都有机会自我表现、自我引导。自主游戏是培养创造力的基础，也可以提升孩子的自信心和自尊感。

03 老师

家长在与老师交往时，最重要的是形成良好的亲师互动，与老师相互支持帮助，相互学习共同成长。

我的老师，是个戴眼镜的女生。

虽然隔着镜片，我也能看到她眼睛里流露出来的笑意。她的眼睛像星星一样闪着光亮。

她留着长长的头发，像瀑布一样，快垂到腰啦。

她讲话像春天的微风，夹带着花香，甜甜的。

她喜欢穿长长的裙子，走起路来像飞舞的蝴蝶。

她是全世界第二美丽的女生。第一当然是我的妈妈。

每当我难过或者太兴奋时，就立刻从地瓜变身成无尾熊，抱住老师，不肯松手。其他小朋友也会这样，所以老师是地瓜园里无尾熊最爱的尤加利树。

你的老师是男生，还是女生？

与父母对话

幼儿园里的老师，应该是母亲角色的延伸。

老师应该是各方面都均衡发展的人，因为这份平衡可以给老师稳定的情绪、柔和的态度，可以把爱付诸行动，成为能够给孩子爱的人。

老师应该在言行中为孩子树立榜样，成为孩子可以模仿的对象。

老师应该是注重孩子安全、身心健康，尊重并包容个体性差异，能够给予团体启发性管理引导的人。

或许，一个完美的老师不易寻觅，但一定可以找到很多富有爱心的优秀老师。

创意引导

在本篇画作中，有一个人的轮廓，请孩子画出自己老师的五官和他/她最常穿戴的服饰。

A. **基础篇：**请孩子用蜡笔、彩色铅笔或者彩色笔，自由进行涂鸦吧！

B. **进阶篇：棉纸贴画——人像**

所需工具：图画纸、涂画笔、面巾纸、水彩颜料、平头水彩笔、调色盘、剪刀、白胶、刷白胶用的小鬃毛画笔等。

1 在空白画页上直接创作，或另准备一张图画纸。

2 让孩子把面巾纸一张一张分别用水彩染成不同颜色，晾干。

3 把彩色的面巾纸剪成或撕成各种形状的小纸片。

4 用涂画笔在画纸上画出人物的头、脸的五官和部分身体的轮廓。

5 选择染色的纸片贴出头发、脸上的皮肤、衣服的颜色。如果有的地方需要加深颜色就多贴几层纸片。请孩子放心大胆地反常规用色。如果色彩对比强烈就会像创造出一幅野兽派*棉纸贴画。

6 人物身后的背景也可以选不同颜色的纸片贴满，完成画作。

提示：也可以用彩色棉纸直接撕贴，而省略染色步骤。

---

* 野兽派热衷于运用鲜艳、浓重的色彩，以直率、粗放的笔法创造强烈的画面效果。

04 城市

年幼的孩子是打开全身的感官来拥抱世界的。世界透过感官，进入孩子的身心，影响着孩子的身体和心灵健康。

我问妈妈："城市是什么啊？"

妈妈回答："我们就住在城市里啊！"

她又接着问我："你看到的城市是什么样呀？"

我看到很多很多的高楼、房子，还有许多我喜欢的大吊车正在盖房子。

我答："城市是大人堆的大积木。"

妈妈问："你听到的城市是什么样呀？"

我听到很多声音，大人的讲话声、小孩子的叫喊声、汽车的喇叭声、隔壁装修叮叮咚咚的敲打声……太多声音了。

我答："城市是个大盒子，塞满了东西。"

妈妈问："你闻到的城市是什么样呀？"

我闻到马路上汽车的味道，空中飘着的尘土的味道。

我答："城市是可以行走的大停车场。"

你呢？你住在哪里呀？

你看到、听到、闻到的城市是什么样呀？

创意引导

在本篇画作中，有正在建设的城市的图像，请孩子把城市建设完成吧！

A. **基础篇：** 请孩子用蜡笔、彩色铅笔或者彩色笔，自由进行涂鸦吧！

B. **进阶篇：** **绘制卷轴画——城市地图**

所需工具： 长条纸（或若干复印纸）、胶带、竹筷、彩色笔、橡皮筋。

1. 请准备一条有一定长度的条纸，或者用复印纸一张一张贴牢成长条纸。
2. 让孩子用一根竹筷作为中心卷轴从长条纸的一端开始卷起，把纸条卷成一卷。做法有点儿像卷筒卫生纸的方式。
3. 用彩色笔从卷轴的最后留下的纸端开始，作为起点，画路线线条。起点可设计为家或学校，然后弯弯曲曲地随纸张往上画路线，中间可以有很多分支线条，并设各种停顿的圆点，用文字或图画标示出沿路发生的各种事情。例如：月季花开了、小蜗牛在散步、张奶奶去买菜、汽车加油站、有很多吊车的工地、死胡同、捡到一个纽扣被称赞好乖等，路线和停顿点可以设计得很有趣，不一定要与真实相符。
4. 画到卷轴中心，也就是纸卷的另一端，作为终点。终点可以设计成餐厅或者冰激凌店、奶奶家、好朋友家等，完成画作。

画好的卷轴重新卷起来用橡皮筋固定，找机会展示给家人或朋友看吧！

与父母对话

幼年期孩子的思考力和判断力尚未发展成熟，所以并没有形成对于外界环境的保护机制。

城市的物质环境过于繁多、杂乱、刺激、快速，这些是城市的负效能，会给孩子带来不安、紧张、压力，影响孩子身体的健康成长。因此，大人对于孩子所处的环境要更敏感、更有觉察意识。尽量在家庭中营造出简单、单纯、缓慢且具美感的家庭环境，来滋养孩子。

05 汽车

孩子会把每天进入内心的对于世界、生活的印象，通过游戏的方式表达出来。
借由孩子的游戏，大人可以观察到外在各种的真实世界是如何在孩子心里找到“家”的。

我非常喜欢各种汽车，五颜六色的小轿车、像长面包的公共汽车、“叭呜叭呜”叫的救护车、像盒子的小货车、头顶着小帽子的出租车、会高声尖叫的警车、播着音乐的垃圾车……其中，我最最喜欢的是公共汽车。

我用大纸箱做了一辆很大的公共汽车，还请妈妈帮我剪了一些窗户。

猫咪跳跳是很神气的司机，每天都会载不同的乘客来乘坐。

一只迷路的猴子跳上车，它的车票是一串香蕉，它要回森林中的家。

一只名叫咪咪的小老鼠跑上车，它的车票是一块奶酪蛋糕，它要去拜访好朋友。

一只坏脾气的恐龙爬上车，它的车票是一杯果汁，它要去侏罗纪公园。

一支兴奋的蜡笔滚上车，它的车票是一张图画，它要去春天的花园。

一把哭泣的钥匙不小心被丢上车，它的车票是一个小手帕，它要去找妈妈。

车到站了，司机跳跳宣布：“今天是野餐日，大家都下车来野餐吧！”

你，喜欢汽车吗？喜欢什么样的汽车呢？

与父母对话

孩子会把现实与想象相结合，并根据自己想要的方式，来安排游戏的发展。

城市中的孩子，每天出门都会看到各式各样的汽车。这是他们最熟悉的生活场景。因此，很多孩子都会在一个年龄阶段十分着迷各种汽车，喜欢把汽车元素带入游戏当中。这种“喜欢”和“着迷”可以说是对生活的“消化”与“反刍”。

创意引导

在本篇画作中，有两辆小汽车，请孩子再多画些自己喜欢的各种车子。如果孩子喜欢，可以让他画一辆大公共汽车，再画上来乘车的各种乘客。

A. **基础篇：**请孩子用蜡笔、彩色铅笔或者彩色笔，自由进行涂鸦吧！

B. **进阶篇：小纸盒立体制作——汽车**

所需工具：小纸盒、彩色纸（或白纸）、厚纸板、白胶、涂画笔、剪刀、笔芯（或竹签、牙签）、粗吸管、橡皮筋、刺针。

1 与孩子一起用彩色纸或白纸，把纸盒四周包裹贴好，当车身。在车身上画出车窗及图案。

2 请在另外准备的厚纸板上画出司机或乘客。司机与乘客可以是人物，也可以是动物。然后，沿轮廓剪下。要注意尺寸需小于纸盒。

3 在纸盒顶部划出1~2个切口，可以插上用厚纸板做的司机或乘客。

4 用余下的厚纸板剪出圆形做车轮。如果需要有厚度的轮子，可以把几个圆形贴在一起，成为一个车轮。

5 两个前车轮与车子连接制作：在车身需要安装前车轮的左右两侧穿洞，然后用粗吸管穿过。吸管的长度和车身的宽度同长或略长一点点。吸管的作用是给予连接左右两个车轮的转轴可以转动的空间，所以吸管不用接上车轮。

6 用笔芯（或竹签、牙签）作为连接左右两个车轮的转轴。把笔芯穿进吸管里，笔芯在车身左右露出的两头分别与两个车轮连接。笔芯要比吸管长，可以穿过车轮。

7 笔芯两侧穿上两个车轮后，在车轮外侧会露出头，在上面缠绕橡皮筋固定车轮，以防止转动时车轮掉落。

8 按照6 7的方法，连接两个后车轮，全部车轮安装好就完成制作了。

06 机器人

在艺术创作中，经历努力和创新的过程，会带给孩子很大的满足感和成就感。创作最重要的意义，在于做的过程中的乐趣而不是结果。

我的好朋友祥祥，今天带了一个他的新玩具到幼儿园给我看。那是一个可以变成机器人的玩具汽车，真是有趣。

回到家，我就央求妈妈也给我买一个。妈妈说："只有汽车可以变机器人吗？其实，瓶盖、餐盒也可以变机器人呢！"

瓶盖、餐盒也可以变机器人？太神奇了。

妈妈说："来吧，和妈妈一起施展魔法吧！"

我和妈妈一起找来瓶盖、餐盒、纸杯、塑料刀叉汤匙、各种纽扣、套苹果的网状泡棉、吸管等好多不用的废弃物。

然后，我把餐盒当机器人的头，吸管是触角，网状泡棉是身体，刀和叉子是两只不同的手臂，汤匙是腿和脚，瓶盖是眼睛，纽扣是身上的按键……把它们全部粘在纸板上。最后，妈妈在它们身上喷上银色颜料。哇，我的机器人做好了。

我太开心了，我觉得我的机器人棒极了，它是我和妈妈一起用废物变成的，是全世界独一无二的超级机器人。

我们很厉害吧？

你的机器人是你施魔法变的吗？

创意引导

在本篇画作中，有一个机器人的遥控器，请孩子画出各种奇特的机器人吧！

A. **基础篇：**请孩子用蜡笔、彩色铅笔或者彩色笔，自由进行涂鸦吧！

B. **进阶篇：多媒材造型创作——机器人**

所需工具：各种可回收的废品、白胶（或特殊用途胶水）、剪刀、亚克力颜料、颜料刷（或颜料笔）。

可以根据本篇故事所描述的，运用一些可回收的废品，来创作立体的机器人。越是形状和材质特殊的物品，越会达到意想不到的效果。所以，带领孩子放心大胆地去创作吧。

与父母对话

在艺术游戏和创作中，不同材料的使用可以带给孩子多重创意的感官经验。

因为不同的材质会带给孩子不同的感官体验。而不同材质的相互组合又会达到意想不到的效果，从而激发孩子的想象力。在组合不同材质时的大胆尝试，还可以培养孩子勇于尝试的信心。

07 看戏

带孩子观看的表演应该具有成为孩子“内心的光”的品质。不要为孩子选择那些时间太长、声光音响太过刺激，或者过于粗俗搞笑的娱乐节目。

爸爸妈妈带我去看了《三只小猪》的布偶戏，真是有趣。

这几天，我也决定拿出妈妈给我织的毛线布偶来演戏。

茶几是它们的舞台，台灯是舞台上的灯光，可是我没有三只小猪玩偶啊！哦，没关系，我还有跳跳和咪咪。跳跳就是我的猫咪玩偶，咪咪是跳跳的好朋友，一只小老鼠玩偶。这才只有两只玩偶，还不够啊！对啦，妈妈还给我织了一只花母鸡咯咯嗒，我怎么把它忘了。

我用积木搭了一棵树，树下用丝巾给咯咯嗒围了一个窝，咯咯嗒正趴在窝里睡觉。然后，跳跳追着咪咪跑上来。咪咪爬上了树，跳跳也“喵——呜——”地追上去。

“咔——嚓”，哎呀，树倒啦，还打到了睡觉的咯咯嗒，它可生气了，“咯咯嗒——咯咯嗒”地叫起来。

我的布偶戏就叫《一只跳跳、一只咪咪和一只咯咯嗒》好啦。嗯，好像名字有点儿长。

你看过布偶戏吗？叫什么名字啊？

创意引导

在本篇画作中，有舞台的幕布和下面的观众，请孩子画出舞台上表演的节目吧！

A. **基础篇：** 请孩子用蜡笔、彩色铅笔或者彩色笔，自由进行涂鸦吧！

B. **进阶篇：** **蜡笔仿木版画——戏剧**

所需工具： 图画纸、蜡笔、墨汁、盛墨汁的小碟、毛笔、图钉（或针、螺丝钉）。

1 请准备一张图画纸，让孩子用各种颜色的蜡笔自由涂上许多颜色方块，色块与色块要连接在一起，并涂满整张纸作为打底颜色。可以用手轻拂一下画纸，检查是否都被蜡覆盖。

2 准备一小碟墨汁，并滴入几滴洗洁精，轻轻搅拌混合。注意不要产生泡泡。滴入洗洁精是为了让墨汁更好地覆盖在蜡笔画上。

3 让孩子用毛笔蘸墨汁，涂满整张画纸，晾干。

4 晾干后，黑色的纸就像舞台背后的幕布。

5 接着会有什么上演呢？请孩子使用图钉、粗针或螺丝钉在墨纸上作画。孩子可以随意画出想到的图画故事，而画出的线条会划掉墨色露出最初的蜡笔颜色。图画会呈现五颜六色的线条。

与父母对话

年幼的孩子其实是无法长时间规规矩矩地坐在观众席观看表演的。因为孩子的“不安分”，原本一次观看表演的美好活动经常会发展成让大人恼火、发生亲子冲突，又影响其他观众的不美好经验。

带孩子观看表演，最好先选择在室外进行的，孩子可以自由地决定观看时间的长短。在孩子慢慢习惯看表演后，大人再带孩子进入室内剧场。

进入剧场前先与孩子讲好规则。当孩子无法遵守时，请适时带孩子离场，不要继续发展成不美好的经历。

而表演的形式和内容可选择短小的偶戏、人声吟唱、民族或古典音乐剧、舞蹈。

08 奇妙的动物

世界对于孩子来说，永远是新奇并充满惊喜和活力的。他们把对于世界的初步认知，天马行空地串联起来，形成独特的、充满童真的想象世界。

假日里，爸爸妈妈会带我去逛动物园。凶猛的老虎、憨厚的熊猫、淘气的猴子、温顺的小羊、美丽的孔雀……我都喜欢。

我对各种动物都非常好奇，有好多问题问妈妈。

为什么鹿要长角？为什么企鹅要站着孵蛋？为什么长颈鹿的脖子那么长？为什么犀牛头上也长了角？为什么小狗不会爬树？为什么毛毛虫会变成蝴蝶？……

妈妈说：“你觉得呢？”

我觉得啊，鹿是因为觉得树枝神气又漂亮，所以才戴上像树枝一样的发夹；企鹅是因为太胖啦，怕把蛋坐碎才站着孵蛋；长颈鹿是因为喜欢戴围巾，才长出长长的脖子；犀牛是想当武士，才在头上戴一把剑；毛毛虫是觉得每天爬得太辛苦了，才要变成蝴蝶……

我说得对吗？你觉得是为什么呢？

创意引导

在本篇画作中，有一只很奇怪的动物，请孩子继续画出各种地球上没有见过、可能生活在别的星球的动物，或者是想象中的动物，创作一个奇妙的动物园吧！

A. **基础篇：** 请孩子用蜡笔、彩色铅笔或者彩色笔，自由进行涂鸦吧！

B. **进阶篇：** **面具创作——动物**

所需工具： 厚纸板、涂画笔、剪刀、毛线（或碎纸条）、白胶（或胶水、胶带）、订书机、松紧带。

1. 请准备一张厚纸板，大小可以覆盖孩子的脸。
2. 让孩子在厚纸板上画出他喜欢的动物的脸，涂好颜色，大小如自己的脸。
3. 把眼睛部分剪成镂空的。
4. 可以用毛线或者碎纸条当作毛发或胡须，粘在纸板相应的位置。
5. 纸板两侧固定一根松紧带，这样面具就可以戴在头上了。

与父母对话

大人不要急于用有限的认知去框架孩子无限的好奇心。就让他尽情地发挥想象，来认识世界，让世界充满丰富的可能性。儿童那种具有创新的、不可思议的想象能力，是诗人、画家、音乐家求之不得的能力。

就把孩子创造的那些不可思议的话、画和事情当成一件件美好的艺术作品，来欣赏吧！大人不要轻易用常识的概念来“纠错”。

09 爬山

秋天是丰收的季节，很多果实成熟了，大地充满了丰富的色彩、线条和声音。那份属于秋季独特的丰富与多样性，等待着我们去聆听与发现。

大自然是一个伟大的画家，它在画布上为每个季节调出不同的颜色。

到了秋天，它大笔一挥，在绿色的汪洋中重重落下金色、黄色、红色、棕色……

妈妈说："秋高气爽的日子最适合爬山了。在古代，秋天还有登山的节日。"

爸爸载着我们，开车上山。然后，沿着山林步道散步。我开心地跑在前面，爸爸大步流星地跟了上来，妈妈气喘吁吁地落在最后。

山上的树，有的变成了火焰的颜色，有的像涂抹了一身金粉。山上还长着像小树一样高的大草，它们有着鸡毛掸子一样的白色大尾巴。一阵风吹过来，它们就扭腰摆臀地舞起来，并发出细微"簌簌"的笑声。风吹过后，它们就又恢复低头垂首，一副优雅又谦卑的样子。

妈妈说："它们的名字叫芒草。"

我开心地跑向它们，站在它们面前，朝它们摆摆手，说："嗨，你好，你看得见我吗？"

你爬过山吗？在山上看到了什么吗？

创意引导

在本篇画作中，有一座山，请孩子画出山上的植物、动物或者人物。

A. **基础篇：** 请孩子用蜡笔、彩色铅笔或者彩色笔，自由进行涂鸦吧！

B. **进阶篇：** **加入糨糊的水彩画——秋天的植物**

所需工具：水彩纸、水彩颜料、糨糊（或胶水）、调色盘、牙刷（或平头水彩笔）、涂画笔。

1 请剪下空白画页，或另准备一张水彩纸。在调色盘中把各颜料分别与浆糊混合。

2 请孩子用牙刷或平头水彩笔蘸调好的颜料，在画纸上粗犷地刷出树木花草。

3 颜料干后，再用涂画笔补充人物、云朵、亭子、太阳等细节，完成画作。

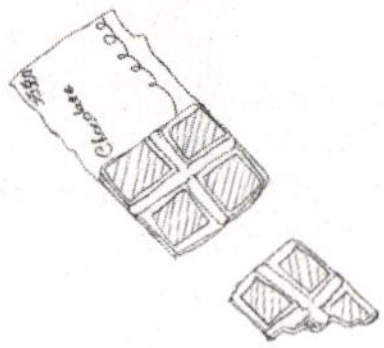

与父母对话

在秋高气爽的日子里，大人除了安排一些户外活动，也可以时常带着孩子一起去爬山、静静地在树林中散步。不以娱乐活动为目的，只是单纯地沐浴在自然中。

在自然中，那份行动中的宁静力量会带给我们自然丰富的展现。因为只有当人不受干扰的存在时，才能听到周遭环境、大自然的语言，让人充满生命的能量，接受更多的灵感与智慧。

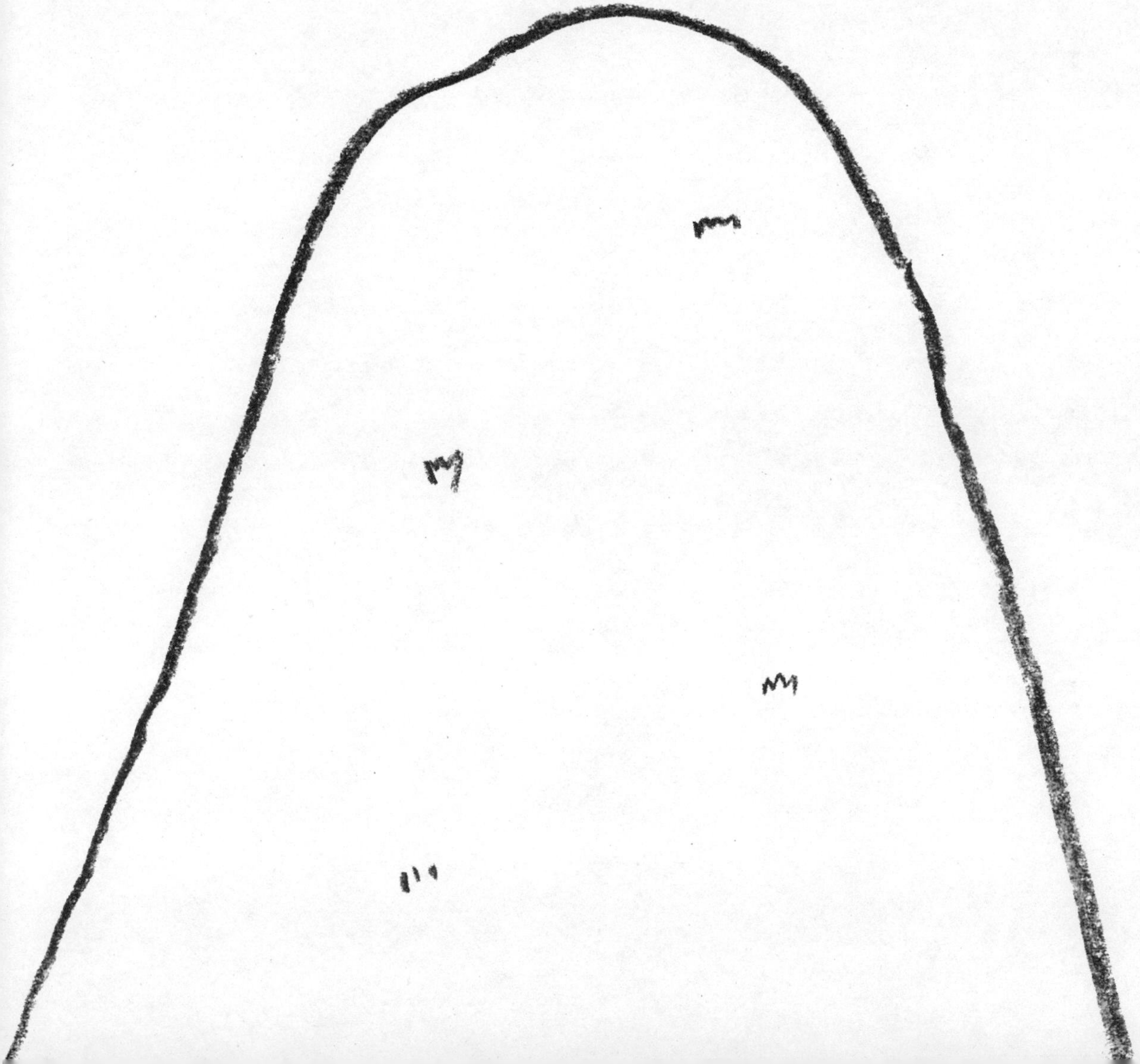

10 月亮

每种文化都有属于自己特色的节日，以及关于节日的传统习俗和祭奠。

面对孩子，大人要有意识地回归节日的传统，带引孩子感受节日背后的意涵。

我有点儿怕月亮，因为月亮有魔法。

它有时弯弯的，像钩子；有时圆圆的，像镜子；有时是半圆的，像被切了一半的比萨。它有时会跟着我跑，可是有时又不知躲在哪里，不见啦！

我有点儿怕月亮，不敢看它。

中秋节时，妈妈抱着我，望着圆圆的大月亮，说：“月亮上面啊，住着一只可爱的小玉兔。月亮圆圆的时候，小玉兔正在梳洗、装扮、照镜子呢！月亮弯弯的时候，小玉兔就会划着月亮船，去游星星河！”

原来，月亮上有只和我一样可爱的小兔子啊！

我开心地问妈妈：“那月亮不见的时候，是小玉兔关灯睡觉了吗？”

妈妈点点头，说：“是啊，小玉兔盖着大大的云朵棉，躺在月亮床上呢。”

你喜欢月亮吗？月亮上的小玉兔现在在做什么呢？

创意引导

在本篇画作中，有一个月球。请孩子画出月亮上的玉兔、嫦娥，或者登月的太空人、太空船，或者其他孩子想象出的事物。

A. **基础篇：**请孩子用蜡笔、彩色铅笔或者彩色笔，自由进行涂鸦吧！

B. **进阶篇：九宫格画——月亮**

所需材料：水彩纸、蜡笔、水彩颜料、平头水彩笔。

1 请准备一张正方形的大水彩纸，然后让孩子用铅笔轻轻等分成9个小正方形，成为九宫格。

2 在每个小正方形的格子中，都用蜡笔在中心画一个圆点，然后围绕圆点一圈一圈画几个圆圈，每个圆圈之间要留空隙不要紧挨上。每画一个圆圈可以变换不同颜色的蜡笔，色彩对比强烈一些。

3 在9个格子中都画完圆圈后，用水彩颜料把正方形小格涂满颜料，每一个格子要用不同的颜色。由于蜡笔含油的性质，所以蜡笔颜色并不会被水彩晕染开。

完成后，9个不同颜色的正方形都有着同样形式的圆圈圈，就成为一幅颇具安迪·沃霍尔*波普风格的画作了。

与父母对话

各种源远流长的节日庆祝仪式，蕴含着人类精神层面的内涵。但是，如今过度商业化的宣传把很多节日原有的内涵淹没掩盖了。对于很多人来说，节日变成了一个送礼物或者过度消费的日子。

节日，不论在任何年代都应该成为家人的共同期待和美好记忆。父母应创造出一些富有自己家庭特色的节日活动，让节日成为一个既有持续性又有独特性的存在，形成我们独特的家庭文化。

* 安迪·沃霍尔是波普风格艺术的代表人物。他把大众传媒的图像，如玛丽莲·梦露头像等，作为基本元素在画上重复排列。

11 大树

达·芬奇说："画家与自然之间存在着对话的关系。"让孩子与大自然互动，运用自然的物质进行创作，孩子会受到大自然的美感滋养。

老师带我们到公园的小树林里散步。树上的树叶快掉光了，就像头发稀疏的老爷爷。

天气越来越冷，我们穿的衣服越来越多。可是，为什么大树穿得越来越少？我问老师："光秃秃的大树会不会冷啊？"

老师指着地上厚厚的落叶，说："大树很有爱心，它把树叶盖在大地上。这样，在地里睡觉的小种子、小动物就不会受冷了。树叶是它们过冬的被子啊！"

老师躺在大树下，我们开心地把叶子堆在她身上。我们也要给老师做一床温暖的被子，这样老师就可以像小动物一样安心地冬眠啦！

不过，亲爱的大树爷爷，您可不要感冒喽。

你有没有觉得大树好棒呢？

创意引导

在本篇画作中，有一张公园的石凳，请孩子在凳子旁边画出秋天的大树。

A. **基础篇：**请孩子用蜡笔、彩色铅笔或者彩色笔，自由进行涂鸦吧！

B. **进阶篇：自然游戏创作——变变变**

所需工具：自然界的任何物质。

带着孩子到花园散步，捡拾一些自然物，如石头、树皮、落花、落叶、小树枝、小种子、豆荚等，和孩子一起用这些自然的物质以大地作画纸，来进行创作吧！或许是一只小动物，或许是一把小雨伞，或许是一张笑脸……可以不断地变化创意。

与父母对话

美，是一种感受，需要去发现。

在草地中迎风摇曳的小花，有着色彩与姿态的美感；蝴蝶飞舞的翅膀，有着纹理色彩构成的巧妙的美；飘洒滴落的雨滴，有着线条与声韵之美……大自然的每一种线条、每一种色彩、每一种质地、每一种味道……都带给我们无尽的美感。自然本身就是最伟大的艺术家。

这也是美感养成的最佳途径。

12 落叶

从春天的新芽到秋天的落叶，所有生命都经历着自然的变化与循环。

随着树叶的飘落，昆虫的夏季交响音乐会也渐渐落下帷幕。

一阵冰凉凉的风吹来，用力地摇着树枝。几片发黄的叶子从树上旋转飘落，就像被风驱逐的黄色大飞蛾，有些惊慌，迅速逃散飞离，但没多久就被捉住，跌落在地上。

我喜欢在厚厚的落叶上踩来踩去。那呲呲嚓嚓的声音，仿佛我们几个好朋友在叽叽喳喳地说笑。

我用双手捧起许多落叶，然后抛向空中。落叶和我的笑声，在风中一起飘扬。

我和妈妈从地上捡起几片漂亮的落叶，有红色的、黄色的、棕色的。我把它们带回家，送给爸爸当书签。

你捡过漂亮的落叶吗?

创意引导

在本篇画作中，有一只小松鼠，请孩子画出秋天落叶纷飞的景象和有趣的故事吧！

A. **基础篇：**请孩子用蜡笔、彩色铅笔或者彩色笔，自由进行涂鸦吧！

B. **进阶篇：** **植物拓印画——落叶**

所需工具：水彩纸、水彩颜料、落叶、亚克力颜料、平头水彩笔、拓印工具（滚轮或木槌）、涂画笔。

1 请准备一张水彩纸，让孩子先选水彩颜料，可以用单色，也可以用多种颜色，把背景全部图上底色。

2 在等纸张颜料干时，与孩子去户外捡拾不同大小、形状的落叶。

3 用叶子蘸浓厚的亚克力颜料，用手按压，或用滚筒压印，或用小木槌敲击，拓印在纸上。颜色的选择和叶子的排列请孩子随意进行。拓印几个不同的叶子，完成作品。

4 还可以进一步继续创作。根据拓印完成的样子去想象，用涂画笔创造出动物、人物或植物景色。

与父母对话

深秋，大地慢慢转向沉寂，树木的叶子逐渐落光，小草渐渐枯黄死去。

在中国人的传统思维里，关于死亡的话题是十分忌讳的。大人要如何跟孩子谈论死亡呢？

死亡也是生命的本身。在生生死死的循环中，我们更深刻地了解了生命是什么，此生的目的是什么。生与死互为起点，成为两段不同的旅程。

关于生命的话题，推荐阅读利奥·巴斯卡利亚博士创作的绘本《一片叶子落下来》（简体版由南海出版公司出版）。这本书用寓言的方式讨论了“生命是什么”这个隽永的主题，非常适合与孩子一起阅读。

冬之篇

WINTER

01 下雪了

外在的严寒，让人的室内活动变多，人与人之间的距离变得更近，心灵因此更加聚拢，温暖着彼此。

一早，妈妈说："宝贝，快看，外面下雪了。"

我贴在客厅的落地窗前，兴奋地看着外面渐渐变白的世界。

哇，原来天空开了一场舞会，所有舞者都穿着白色的舞裙和燕尾服，它们在空中旋转、飞舞、跳跃，变换着奇妙的队形。

先踏出舞步的舞者累了。于是，它们随意落脚在树上、屋顶上、草地上、车子上、马路上、路灯上……

它们把华美的舞服拼成一个大大的棉被，轻轻盖住所有的物品。

天空中，不断地、不断地有舞者加入。

这真是冬天里的一场盛大的舞会啊！

你住的地方下雪吗？

创意引导

在本篇画作中，有雪地上留下的小动物的足迹。有谁在雪中走过呢？请孩子自由画出美丽的雪花和雪中的故事吧！

A. **基础篇：** 请孩子用蜡笔、彩色铅笔或者彩色笔，自由进行涂鸦吧！

B. **进阶篇：** **盐巴和水彩画——下雪**

所需工具： 图画纸、浅蓝色水彩颜料、尖头水彩笔、盐巴、蜡笔（或其他色笔）。

1 请准备一张不太吸水的图画纸。让孩子多混合些水调和浅蓝色的水彩颜料。调好后，涂画天空。天空占纸张多大面积都可以。

2 趁颜料还湿润时，捏一些盐巴撒在图画纸的颜料上。可以涂一笔颜料撒一次盐巴，边涂边撒，以防止颜料变干。撒落盐巴地方的颜料会轻微四射开，仿佛淡蓝色天空中飘洒的雪花。等颜料干了，可擦去盐巴。

3 请孩子接着用蜡笔或其他色笔继续创作出雪中的情景，完成画作。

与父母对话

在中国，冬至是冬季最重要的传统节日。冬至是一年中黑夜最漫长的一天，太阳即将战胜黑夜，白昼开始变长。因而冬至的庆典是对光明、对太阳新生般的歌颂，也以此点燃我们内心的温暖。大人有意识地把每个季节的意义带入家庭生活中，孩子全然开放的感官更容易接受到自然所带给人类的精神层面的意义。

02 雪人

对于年幼的孩子，大人就像太阳，带给他光亮和温暖。孩子的整个世界都是围绕着太阳转的。

我用手指着日历，问妈妈："冬天到底是哪一天啊？"

妈妈说："冬天啊，是一年的尾巴，所以好长，要经历好多个白天和黑夜。等春节到了，冰开始融化了，冬天就过去了。"

其实，我不希望冬天过去。一年四季，我最喜欢冬天了。因为冬天会下雪，可以堆雪人呀！

堆雪人是一件快乐的事。

妈妈和我会用小铲子把地上的雪聚拢在一起，又压又堆，做成一座小山。雪人的身体就大功告成啦！然后，再捏一个小雪球，不断地让它在雪中打滚，对它拍拍打打。小雪球会越变越胖，成为一个大雪球，就可以当雪人的脑袋啦！我再去捡些小石头、小树枝，来做雪人的眼睛、鼻子、嘴巴。雪人看起来胖乎乎、笑眯眯的，真可爱。

我好喜欢和妈妈做雪人。虽然我的手又湿又冷，脚也冻得像冰棍一样，可是我都舍不得和雪人说再见。回家前，我总会给雪人一个大大的拥抱，雪人也会用冰凉凉的脸蛋亲亲我。

你堆过雪人吗？

创意引导

在本篇画作中，有一个小雪人，请孩子做细节描绘并创作出其他各种形状的雪人，比如，雪兔、雪车等。

A. **基础篇：** 请孩子用蜡笔、彩色铅笔或者彩色笔，自由进行涂鸦吧！

B. **进阶篇：** **羊毛毡创作——雪人**

所需工具： 白色羊毛、肥皂水盆、彩色笔、白胶（备选：针、色纸片、纽扣或吸管等）。

1 请准备一些白色羊毛。

2 准备一盆温热的肥皂水，然后让孩子取少许羊毛塑形呈球状，在起泡的肥皂水中浸湿，在手心不断绕圈搓揉成圆球。待毡化紧实后，可再加入新的羊毛包裹在外面。以此方式搓揉，把球加大到所需要的大小。

3 按照此方式制作两个羊毛球，一个当雪人的头部，一个当身体。

4 把两个羊毛球叠放在一起，相连的部分用针不断刺扎，让两个球的羊毛互相粘连在一起。扎羊毛时下面请垫一块厚海绵。如果孩子年纪小，不适合使用针，请大人协助完成，或者改用白胶粘。

5 用彩色笔画出雪人的眼睛、嘴巴、纽扣、围巾等细节，或者用纽扣、吸管、色纸片等涂白胶贴出雪人的细节，完成作品。

与父母对话

大人首先要照顾好自己，懂得爱自己，成为身心平衡的人，才能成为孩子真正的太阳。

无论在工作、生活、亲子教养中，大人遇到什么样的困难和挫折，都要遵循由爱出发的内心，才能在坚持自我价值重心的同时，又能同理另一个心灵；才能透过事物的表象看到背后的动因；才能平和又坚定地把爱和光芒洒落在孩子身上。

03 手套

故事不仅可以转移孩子当下的情绪，还会带领孩子跨越情绪在内心形成的屏障，给予孩子解决自我问题的内在力量。

回家后，我发现我的手套只剩下一只了，怎么找都找不到另外一只。妈妈说，可能掉在外面了。

我的手套是用红色毛线织成的，上面还有几朵白色的雪花。手套里面有一层白色绒毛，非常非常暖和。

我看着剩下的那只手套孤单、垂头丧气的样子，难过地哭起来。那是我最喜欢的手套呢。

妈妈过来抱着我，说："宝贝，我给你讲个故事吧！"接着，妈妈讲了一个关于手套的故事*。

一个老爷爷在森林里散步，遗落了一只手套，一只小老鼠发现了，住进了这个温暖、柔软的手套；后来小青蛙、小兔子、狐狸、大灰狼、山猪、熊都挤进手套里取暖……

哈哈，这真是个有趣的故事。我在想，我的那只手套会成为哪个小动物的家呢？

你有手套吗？它们是什么样子的？

---

* 这则故事名叫《手套》，是乌克兰的民间故事。故事改编成的绘本由二十一世纪出版社出版。这则民间故事带给孩子有趣的想象空间，传达出一份乐于接纳他人并与之分享的温暖。

创意引导

在本篇画作中，有毛线球和棒针，请孩子把织好的手套画出来吧！手套是什么样式、什么花纹的都可以。

A. **基础篇：**请孩子用蜡笔、彩色铅笔或者彩色笔，自由进行涂鸦吧！

B. **进阶篇：盖手印画——手**

所需工具：水彩颜料、海报纸（或全开图画纸）。

1 让孩子用小手涂满颜料在空白画页上按压手印，大人也可以一起做。如果觉得画纸小，也可以找一张大图画纸。

2 盖手印时可以一次选一种颜色，或者同时涂上多种颜色。每盖一个手印，要洗一次手，保持颜料的干净。

3 手印盖的方式可以按顺序盖成一个圆圈又一个圆圈的同心圆，也可以用手印组合成某种图形，例如，箭头、“X”等。

与父母对话

大人在面对孩子的情绪或亲子问题时，可以适时给孩子讲故事。故事可以帮助孩子了解外在世界运作的方式，也可以给予他生命的力量，让他的内在经验找到意义，还可以为他在遭遇生命困惑时提供解决的途径。

04 小厨师

父母应该多在家料理食物，食物的香味正是给予孩子最好的家的感受。因为味道是最容易唤醒记忆的力量，将支持孩子成长与探索。

妈妈是我们家超级厉害的大厨师。她会做好吃的饭菜，中餐、西餐都会哦。而且，她还会烤好吃的甜点。

我最喜欢跟在妈妈屁股后面，和她一起做各种各样的食物啦。

我们一起揉面团，做馒头。我们做的馒头各式各样，有小猫、小狗、小车子……比外面卖的样式多好多。

我们还一起搓汤圆。我们做的汤圆有方形的、三角形的、五角星形状的……

我们一起捏饭团。妈妈捏个小熊，我捏个小兔，放在盘子中。妈妈再淋上香喷喷的咖喱酱，就变成泡泥巴浴的小熊和小兔啦。

我还会帮妈妈切胡萝卜、搅拌鸡蛋、涂奶油、洗碗筷……

妈妈夸我是能干的小厨师。

今天，我要给我的咪咪和跳跳做好吃的魔法汤，你觉得应该放些什么材料呢?

创意引导

在本篇画作中，有一口大铁锅，请孩子画些食材吧，什么都可以。

A. **基础篇：** 请孩子用蜡笔、彩色铅笔或者彩色笔，自由进行涂鸦吧！

B. **进阶篇：** **食物制作——面包比萨**

所需工具： 面包片、番茄酱、沙拉酱、各种食材丁（如洋葱、甜椒、番茄、熟洋菇、玉米粒、火腿等）、马苏里拉芝士、烤箱（或平底锅）、锡箔纸。

1 准备切片吐司面包或者把长型面包切成片状，当比萨的面皮底。

2 准备番茄酱、沙拉酱和一些食材丁，例如，洋葱丁、甜椒丁、番茄丁、炒熟的洋菇丁、玉米粒、火腿丁等。这些可以与孩子一起准备。

3 让孩子把面包片涂抹上番茄酱，然后随意撒上各种食材，淋上沙拉酱，撒上马苏里拉芝士。

4 把做好的面包比萨放入已预热好的烤箱中，烤到芝士融化即可。烤箱温度为150℃~200℃，根据烤箱实际状况设定。没有烤箱也可以把面包比萨包上锡箔纸直接用平底锅小火烘烤。

面包比萨做成，可以好好享用啦！

与父母对话

为孩子选择食物时应该注重有机和天然的食材，尽量避免提供含有很多添加物并过度加工的食品。培养孩子健康的饮食习惯，保护他的味觉能力，有助于孩子健康成长。

父母不要把食物当成奖励、惩罚或者娱乐，来给予孩子。食物是人立足这个世界的滋养，并经过众人的努力呈现在我们面前，具有爱的品质。所以我们对待食物，要有尊敬和感恩之心。

05 睡不着

给予孩子日复一日平缓的、稳定的、有韵律的生活，孩子才能放心地入眠。

妈妈唱完一首又一首催眠曲，但我还是睡不着。

我问妈妈："全世界只有我睡不着吗？"

妈妈笑了："夜晚的星星也睡不着，它们在听天空的音乐会。"

我说："哦，不是只有我睡不着啊！我知道，我知道，街上的路灯也睡不着，它们整夜都睁着大眼睛。"

妈妈说："对啊！街上的小猫也睡不着，它们在路灯下跳着轻快的舞蹈。"

我说："商店的招牌也睡不着，它们亮着彩色的光，正在讲笑话。"

妈妈说："微风也睡不着，它们正在走亲访友，四处串门子。"

我问："还有谁睡不着？"

妈妈说："有，有很多。在远方的大海边，海浪正在和沙滩聊天；天空上的白云为了运动会，在练习跑步；山洞里的蝙蝠都出来巡逻……"

妈妈后来还说了什么，我一点儿都不记得了。

你有睡不着的时候吗？

创意引导

在本篇画作中，有一栋大房子，房子有多少扇窗子？窗子里有谁睡不着？也许是窗台上的花、小鸟、窗帘、台灯、小狗、小虫等。房子外面的路灯下，会有醒着的人或动物吗？请孩子随意画出。

A. **基础篇：**请孩子用蜡笔、彩色铅笔或者彩色笔，自由进行涂鸦吧！

B. **进阶篇：洗墨画——夜**

所需工具：200磅以上图画纸、广告颜料、平头水彩笔、粗头画笔、墨汁、吹风机。

1 请准备一张图画纸。要有一定的厚度，最好200磅以上。

2 让孩子用广告颜料（不要太稀，可以选用荧光色）创作关于梦的涂画，然后用吹风机吹干。

3 用平头水彩笔蘸墨汁把整张纸涂黑，如同黑夜覆盖，之后用吹风机吹干。

4 将画纸拿到水龙头下，用水冲洗。拿粗头画笔刷掉上层的墨色。“黑夜”褪去，原图的梦境就会呈现出来。请轻柔刷洗，水不宜太大。

5 用吹风机吹干，画作会呈现明暗对比强烈的效果。

与父母对话

夜晚，孩子上床就寝的时刻有时也是大人最焦虑，与孩子进行拉锯战的时刻。孩子从清醒的、可以感知的活跃状态进入完全“停止”的睡眠状态，是需要有“放下”的信任和安全感的。睡眠像一面镜子，反映了一个人白天过得如何，是混乱、紧张、兴奋、刺激，还是规律、轻松、平静、喜悦。解决孩子的睡眠问题，要从改变他白天的作息开始。

06 小怪物

孩子用整个身体感受世界。不断地好奇、疑问、发现、探索、经历。对他来说，每一天都是崭新而美妙的。

我呀，每天脑子里都会冒出一些小问号。

如果只有白天没有黑夜，那会怎么样？

我就可以不用睡觉了吧！

如果冬天不下雪，下的全是棉花糖，那会怎么样？

我张开嘴巴就可以吃到。

如果只用一天时间，我就长得比爸爸妈妈还要高，那会怎么样？

我就可以不用去上学了吧！

如果我有一条尾巴，那会怎么样？

我就可以像猴子一样自由地荡秋千了吧！

如果所有我爱吃的水果都长在一棵树上，那会怎么样？

我一定要种一棵呀！

如果我种下的一颗种子长出一朵白云，那会怎么样？

春天，我要把它当宠物，牵着它去散步；夏天，我就把它贴在太阳旁，可以帮我挡烈日；秋天，我要把它当跳跳床，和好朋友们一起跳啊跳；冬天，我要把它当棉被，盖在光秃秃的大树上……

妈妈说：“哈哈，这些都是你脑袋里的小精灵的想法。”

我说：“不是啦，这都是我脑袋里的小怪物的想法。”

你看，小怪物们全都跑出来开舞会啦。

创意引导

在本篇画作中，已经有了舞会上的小旗子，请孩子来创作怪物吧！

A. **基础篇：** 请孩子用蜡笔、彩色铅笔或者彩色笔，自由进行涂鸦吧！

B. **进阶篇：** **蔬果印画——怪物**

所需工具： 各种蔬菜水果、水彩颜料（或彩色印泥）、涂画笔。

1 在空白画页上直接创作，或另准备一张图画纸。

2 家长可以把一些水果、蘑菇、蔬菜的根茎部横切或纵切，然后请孩子在切面上蘸水彩颜料或彩色印泥。

3 在画纸上盖上各种奇形怪状的蔬果印。蔬菜水果的不同切面，会带来意想不到的惊喜。例如，苹果的横切面会有星星，青江菜茎部横切面像玫瑰花……与孩子一起观察吧！

4 等蔬果印干了，发挥想象力，用涂画笔把图印变成各种怪物的图画吧！

与父母对话

在这个世界上，提问最多的就是孩子。这个世界对于孩子就是艺术性的存在。

在生活中，大人是孩子的老师；在心灵上，孩子是大人的引路人。孩子的诞生是父母生命成长的重要功课，孩子能为大人忙碌的生活带来觉醒的力量。

07 时间

大人不要把对于时间的压力感传递给孩子。多让孩子按照自己的节奏做事情。那么，时间的品质对于孩子就是平和且具有安全感的，是一幅美好的图像。

我指着家里的大挂钟，问妈妈："时间是什么？"

妈妈说："时间是长了腿的闹钟，每天不停地转着圈、跑呀跑；时间是充满爱的天使，派太阳和月亮来守护我们；时间是爱美的小姑娘，每过一个季节换一次装，它有绿色的丝巾、彩色的洋装、橘红色的披风、白色的大衣。"

我开心地叫着："妈妈，妈妈，我知道了。时间还像我一样，是个贪吃的小家伙，春天采草莓，夏天抱西瓜，秋天摘苹果，冬天捧着烫烫的烤地瓜。"

妈妈也笑了，说："对啊，时间就是家里画下你身高的那处墙纸，一条条横线慢慢往上爬。"

你家里也有时钟吧，你觉得时间是什么呢?

创意引导

在本篇画作中，有一个简单的时钟表面，请孩子发挥想象力，画出各种不一样的时钟。可以是扁扁的、变形的、可怕的、毛茸茸的、会跑的等各种创意。

A. **基础篇：**请孩子用蜡笔、彩色铅笔或者彩色笔，自由进行涂鸦吧！

B. **进阶篇：浮墨画——由抽象变具象的时间**

所需工具：一盆清水、食用油、墨汁、毛笔、厨房用纸巾（或棉纸）、图画纸、胶水、彩色笔。

1 请准备一盆干净的水，滴数滴食用油在水面。

2 让孩子拿毛笔蘸满墨汁，轻轻敲打笔杆，让墨滴轻轻滴落水面。

3 用笔杆的尾端竹头轻轻拨开墨滴，墨汁会像轻烟一样散开，形成非常自然而美丽的图案。

4 用一张厨房用纸巾或棉纸在水面轻蘸，把散开的墨汁图案转印到纸上。可以多重复做几次，但当墨汁与水变混浊时要重新换水。

5 把印有图案的纸在图画纸上晾干贴好。可以对孩子说："时间就像墨滴一样，里面藏有神奇的图画。"

6 请孩子以"时间是什么"为主题，根据图案发挥想象力，在墨色花纹上用彩色笔来创作。

与父母对话

时间对于年幼的孩子来说是非常抽象的概念，他无法理解10分钟、几点几分、星期几这些数字代表的抽象概念到底意味着什么。大人应规律地安排孩子每日的生活、每周的饮食和活动，带领孩子平和、顺畅地进入日复一日的"时间流"中，比如，固定每日、每周的作息安排。

在一天中，孩子会知道早餐过后是要在家游戏，然后去花园散步；上床时，妈妈一定会讲个故事。在每个星期，他们知道"面包日"的隔天是"面条日"，爸爸休息的第一天会去爷爷奶奶家……如果生活中所要发生的事是孩子可预见的，孩子就会感到安心，了解日子是稳定而规律运转的。

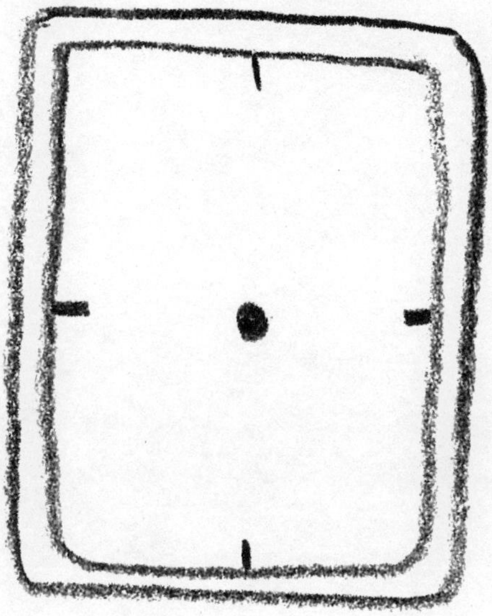

08 生日

生日，是孩子一年中最重要的日子。孩子的生日庆典，父母可以按照适合他年龄的方式来庆祝。孩子年龄越小，越需要简单、温馨的方式。

今天是我的生日。

早上醒来，我就立刻跳下床，跑去叫妈妈："妈妈，妈妈，快点儿起来，帮我量一下身高。"

妈妈揉着眼睛，被我拉起来。她走到书桌前，拿了一支铅笔。

我靠着画身高的那面墙纸，站得笔直。

妈妈拿着铅笔，轻轻地压着我的头，然后说："站直了哦。"

我把脚跟紧贴着墙壁，往上挺了又挺。

妈妈说："好了。"

我赶紧转身看妈妈画的横线："妈妈，我又长大了1岁，我真的长大了吗？我哪里长大了？"

妈妈笑了，摸摸我的头说："是的，宝贝，你又长大了。你看你比之前又高了一点儿；你跑步也比以前快，妈妈都追不上了；力气也大多了，每次去买菜，都会帮妈妈拿提袋。而且，你已经成为妈妈的小帮手，可以帮妈妈做好多家务。早餐后，我们一起做生日蛋糕吧！"

我兴奋地跳起来大叫："耶！我最喜欢做生日蛋糕了！"

我很爱吃生日蛋糕，更喜欢和妈妈一起做。

你做过生日蛋糕吗？你的生日蛋糕是什么样子呢？

创意引导

在本篇画作中，有一个三层大蛋糕，请孩子按照自己喜欢的口味和样式来设计蛋糕装饰。蛋糕最顶层，可以设计有趣的造型和蜡烛，还可以在蛋糕周围画出生日会的装饰或过生日的人物。

A. **基础篇：** 请孩子用蜡笔、彩色铅笔或者彩色笔，自由进行涂鸦吧！

B. **进阶篇：** **立体捏面创作——蛋糕**

所需材料：盆、面粉、水、盐、水彩颜料、豆类（或瓜子、吸管、亮片、碎纸片、扣子等小装饰物）、白胶、硬纸板、剪刀、彩色笔。

1 请准备一个盆，倒入些许面粉和适量的水，并加入大量食盐防止发臭。和孩子一起揉面团。

2 让孩子把面团分成几个面球，可以用水彩颜料分别染色。然后自由捏成各种形状的蛋糕和蛋糕的装饰物。

3 蛋糕本体做好后（几层都可以），开始装饰蛋糕。可用捏好的装饰物，还可以用豆类、瓜子、吸管、亮片、碎纸片、扣子等小东西一起装饰，用白胶粘牢。

4 剪一张大小适合托蛋糕底的硬纸板，用彩色笔在纸板上画花纹作为装饰。

5 把做好的蛋糕放在画好的纸板上就完成作品了。

请叮嘱孩子，这个蛋糕是创作用的，不可食用。

与父母对话

父母可以根据家庭习惯来决定孩子的庆生会是家庭聚会，还是朋友聚会。同时，父母要注意，庆生会应避免落入商业行销的铺张陷阱中，或者“跟流行”的俗套中，也不要让“小寿星”过于兴奋或者过于紧张，而导致情绪失控，成为“灾难的一天”。

生日是献给孩子最真诚祝福的日子。父母可以为孩子讲讲他出生以来的故事，讲讲因他的出生带给父母和家族的喜悦。妈妈也可以亲手为“小寿星”烹饪他最喜爱的菜肴，制作生日大餐，或者与孩子一起做一个生日蛋糕。

在生日的所有活动中，让孩子感受父母对他的浓浓爱意和成长带来的喜悦是最重要的。

09 礼物

孩子内心对于情感的需求是无法用物质来填满的。给孩子的礼物要适时、适量，甚至可以不用物质来表达。

每当我的生日，妈妈都会亲手给我做一件礼物。有毛线做的小猫咪、小老鼠、小汽车、布娃娃、毛背心、围巾、帽子、小背包。妈妈的双手真是和魔术师一样厉害呢！

爸爸妈妈的生日，我当然也要为他们准备礼物。

妈妈说，我的微笑、我的亲吻、我的拥抱就是最好的礼物啦，但我还是会画一张画，或者做一个特别的小手工送给他们。

今年，我送给爸爸的生日礼物最特别。爸爸帮我们全家报名参加了一个慈善爬山活动，爸爸说，我只要坚持自己爬到山顶，不让他们抱，就是给他的最好的生日礼物。我有做到哦。

爸爸超级喜欢我的这份礼物。到了山顶，爸爸非常开心地大笑着，把我举了起来。

你收到过什么礼物？你送过礼物给爸爸妈妈吗？

创意引导

在本篇画作中，有一个包装好的礼物，请孩子画出被拿出来的各种礼物，什么样的礼物都可以，甚至还可以加上打开的礼物盒子。

A. **基础篇：**请孩子用蜡笔、彩色铅笔或者彩色笔，自由进行涂鸦吧！

B. **进阶篇：布贴画——礼物**

所需材料：图画纸、铅笔、碎花布、剪刀、白胶、刷白胶用的小鬃毛画笔、彩色笔。

1 在画页直接进行创作，或另准备一张图画纸。

2 让孩子用铅笔在画纸上画出各种大小、形状的立体礼物盒。

3 准备若干块花布头。（提示：也可以用不同图案的纸胶带来代替花布。）根据所画的礼物盒的不同侧面的大小，把花布剪成适合的大小，贴在每个礼物盒的侧面，就像礼物的彩色包装纸一样。

4 用彩色笔在纸上和布上描出系礼物的彩带完成作品。

与父母对话

现代生活的忙碌和人们对物质生活需求的高度增长，造就了现代父母过度工作、低度养育孩子的状况。因此，很多父母最常想到是用物质的礼物来弥补对于孩子陪伴的缺失。

用物质礼物赢得孩子的欢心，看上去是快速而有效地连接自身与孩子之间感情的方式，其实那只是大人在弥补自己内心的愧疚，而未必是孩子的需求。

有时，大人慷慨的行动，其实给孩子传递出了错误的信息——是靠买东西而不是靠付出真实的情感来满足人类情感的需要。

10 焰火

孩子需要在真实的环境中，通过真实的活动和互动，来学习成长。

节日里，我最喜欢观看焰火了。

夜空像个大花园，焰火是不断绽放的绚丽花朵；夜空像块黑色画布，焰火是不断流泻的水彩颜料；夜空还像个贪吃鬼，不断把像沙拉一样的彩色焰火，一盘一盘吃光光。

妈妈说："焰火就像流星一样，一闪而过却光彩耀眼。"

我问妈妈："焰火是仙女的魔法棒吗？如果我们对着焰火许愿，仙女会让愿望成真吗？"

妈妈笑了："好啊，我们一起来许愿试试吧！"

我和妈妈双手合十，对着美丽的焰火，一起许愿。

不过啊，焰火虽然美丽，可是它像雷声般巨大的声响有时也会吓到我。我长大以后要发明没有巨大声响、没有呛鼻烟雾的焰火，那样是不是很棒呀？

你喜欢焰火吗？

创意引导

在本篇画作中，有城市的剪影，请孩子在城市的上空创作出焰火。

A. **基础篇：** 请孩子用蜡笔、彩色铅笔或者彩色笔，自由进行涂鸦吧！

B. **进阶篇：** **棉绳画——焰火**

所需工具： 棉线绳、水彩颜料、尖头水彩笔、图画纸。

1 请将空白画页剪下，或另准备一张图画纸。

2 准备若干条棉绳，然后捏着棉绳浸泡在颜料中，确认绳子染上颜色。每条绳子只染一种颜色，避免混色。

3 请孩子捏着绳子，让绳子在纸上散步，拖曳出各种焰火的线条。也可以用尖头水彩笔蘸颜料，让颜料滴落在纸上。然后，用嘴吹气，把颜料点吹散开，成为不同造型的焰火。

与父母对话

现代社会科技发展，被捆绑在荧屏前的孩子越来越低龄化，他们缺少多样而有意义的活动。然而电子媒体，包含电视、电脑、智能手机、电动游戏机等，带给年幼孩子的负面影响非常大。

电子媒体主要依赖视觉和听觉感官，无法调动孩子多重感官的参与，也无法产生人类之间真实的互动关系，剥夺了孩子与人交流的机会。

在这个媒体过于饱和的时代，大人要更有意识地不让电子媒体过度泛滥到孩子的童年生活中。

11 我的家人

过年是一个好的时机，可以让孩子认识更多的亲属关系，了解家族的渊源历史，体会更多的血缘亲情。

我有一个小堂妹。她梳着两个翘翘的小辫子，就像头上长了两个小犄角。每次与她见面，她都会黏着我。我玩什么她就要玩什么，而且她居然管我的爷爷奶奶也叫爷爷奶奶。妈妈说因为我的爸爸和她的爸爸——我的叔叔，都是爷爷奶奶生的。

我的爷爷高高瘦瘦的，最喜欢拿着报纸看啊看。他的黑色眼镜总是像溜滑梯一样溜到鼻尖。于是，我就爬到他膝盖上，帮他把眼镜推上去。

我的奶奶头发全白了，像羊毛一样卷卷蓬蓬的。我对奶奶说："如果你把头发都向上梳直了，煮饭时就有了厨师的白帽子。"

我的外公黑黑壮壮的，说话声音像铜钟一样洪亮。他喜欢去钓鱼，但是不爱带我去。因为如果我去了，他都钓不到鱼。他说我太调皮，把鱼都吓跑了，其实是他不专心，眼睛不看水标，只盯着我，还不时地吆喝着"小心，别掉进水里了"。鱼都被他吓跑啦。

我的外婆身材圆滚滚的。她做点心很拿手。我最喜欢和她一起烤饼干了。外婆说，我眼巴巴盯着烤箱里面饼干的样子，就像一只小馋猫。

我的叔叔，也就是小堂妹的爸爸，和爷爷很像，也是瘦瘦高高的，但比爷爷还高，是全家最高的人。每次看到叔叔，就像与街边高高的路灯在说话。

我的婶婶，也就是小堂妹的妈妈，笑起来眉毛弯弯的、眼睛弯弯的、嘴巴也弯弯的。小堂妹的笑容也是这样弯弯的。

我最亲爱的爸爸妈妈，在前面单独而隆重地和你介绍过了。

你的家人都有谁呢?

创意引导

在本篇画作中，画纸就像一面墙壁，上面已有了相框，请孩子在相框画出家庭成员的合影吧！人物可以自由组合，甚至是单独照都可以。还可以让孩子把相框和墙壁装饰上花纹和色彩。

A. **基础篇：** 请孩子用蜡笔、彩色铅笔或者彩色笔，自由进行涂鸦吧！

B. **进阶篇：** 照片贴画——家庭树

所需工具： 海报纸（或旧挂历）、图画纸、剪刀、胶水、照片、涂画笔。

1 请准备一张大海报纸，也可以用废的挂历纸的背后空白面。

2 让孩子在纸上用涂画笔画出一棵树枝繁多的大树。

3 用另外一张图画纸画出树上的果实，可以是任何一种水果。把果实涂色后剪下来。家族有几个成员就画几个果实，每个果实代表一个人。

4 找到家族各成员包含直系亲属的照片，按照头像一一单独剪下来。把头像贴在果实上，还可以写出称谓和名字。

5 依照辈分次序，把贴有照片的果实一辈一辈贴在树上，顺序可以从树的最高点往下贴或者相反。树的两侧各自贴放孩子母亲和父亲家族。树顶或树底端中间位置贴上有孩子照片的果实，完成家庭树。

与父母对话

现代社会大多数孩子甚至孩子的父母都是独生子女，家庭成员越来越单一，而家庭生活也大多以小家庭为主，孩子体会大家族概念的机会越来越少。

因此，大人更需要回归传统文化的依循和继承，从小让孩子有家庭的归属感。孩子长大后，才能懂得身处社会大家庭时自我的位置。

12 团圆饭

大人在生活中遵循传统节日的饮食习俗，是让孩子感受和体会传统节日的最直接方式，因为食物可以调动孩子各种感官的体察、认识。

节日是家人聚会的日子。大年三十晚上，我们和叔叔一家会去爷爷奶奶家吃年夜饭。

大家在一起用晚餐，真热闹。妈妈们帮奶奶在厨房忙碌，爸爸们和爷爷在客厅谈天，我和堂妹一起玩躲猫猫游戏。可是，她却像老鼠一样钻来钻去，而我像猫一样总能捉住她的尾巴。

奶奶和妈妈们做了一大桌美味的饭菜，饺子是金元宝；鱼预示年年有余；橘子象征大吉大利；年糕代表步步高升；糖果意味甜甜蜜蜜……

好多吉祥食物哟。妈妈说这些都是过年必备的食物，代表了对新一年的祝福。

我问妈妈：“我可不可以每天都要好多好多‘甜甜蜜蜜’呢？”大家都笑了。妈妈说，“甜蜜”太多就不甜蜜了，牙齿会被也爱吃“甜蜜”的蛀虫咬出洞，那时会很痛，就一点儿都不甜蜜了。

虽然妈妈拒绝了我的要求，但是这个伴着笑声的晚餐真是香喷喷啊！

你家的团圆饭都吃什么了？

创意引导

在本篇画作中，已经有了大圆桌，请孩子画些食物吧！既可以是过年的习俗食物，也可以让孩子发挥创意想象，自己做主设计一桌创新年夜饭。

A. **基础篇：** 请孩子用蜡笔、彩色铅笔或者彩色笔，自由进行涂鸦吧！

B. **进阶篇：** **纸盒故事创作——春节晚会**

所需工具： 纸盒、图画纸、剪刀、彩色笔。

1 请准备一个扁的纸盒做电视机。把纸盒的一面中间剪空，四边不要完全剪掉，留出一定宽度。镂空的部分当成电视机的荧屏。纸盒的两侧要能打开。

2 让孩子用彩色笔装饰电视机，把纸盒涂上花纹和颜色，还可以写上“××TV”等字样。

3 准备若干与荧屏大小相同的图画纸，请孩子画出属于自己编导的春晚图画故事，可以一张纸一个节目，也可以几张图画组成一个故事节目，例如，小品故事等。

4 把每张图画分别贴在硬纸板上。硬纸板的大小比图画大一点儿，但要比纸盒略小一点儿。这样，孩子就可以把硬纸板插入纸盒电视机中了。

在吃年夜饭的日子，请孩子为家人上演一台自己创作的春节晚会吧！

与父母对话

在我们的文化传统中，饮食在节日里扮演了很重要的角色。每个传统节日的饮食习俗都有着不同的寓意、背后的故事，以及相应的节庆活动。每个地区还会有各自不同的地域特色，父母可以给孩子多讲讲家乡传统，并把家乡特色的传统真实地展现在家庭中。这既是对中国传统文化最好的传承，也是在创造有自我特色的家庭文化。这种爱的温暖会源源不断地流传下去，这就是家庭给孩子最好的“财富”。

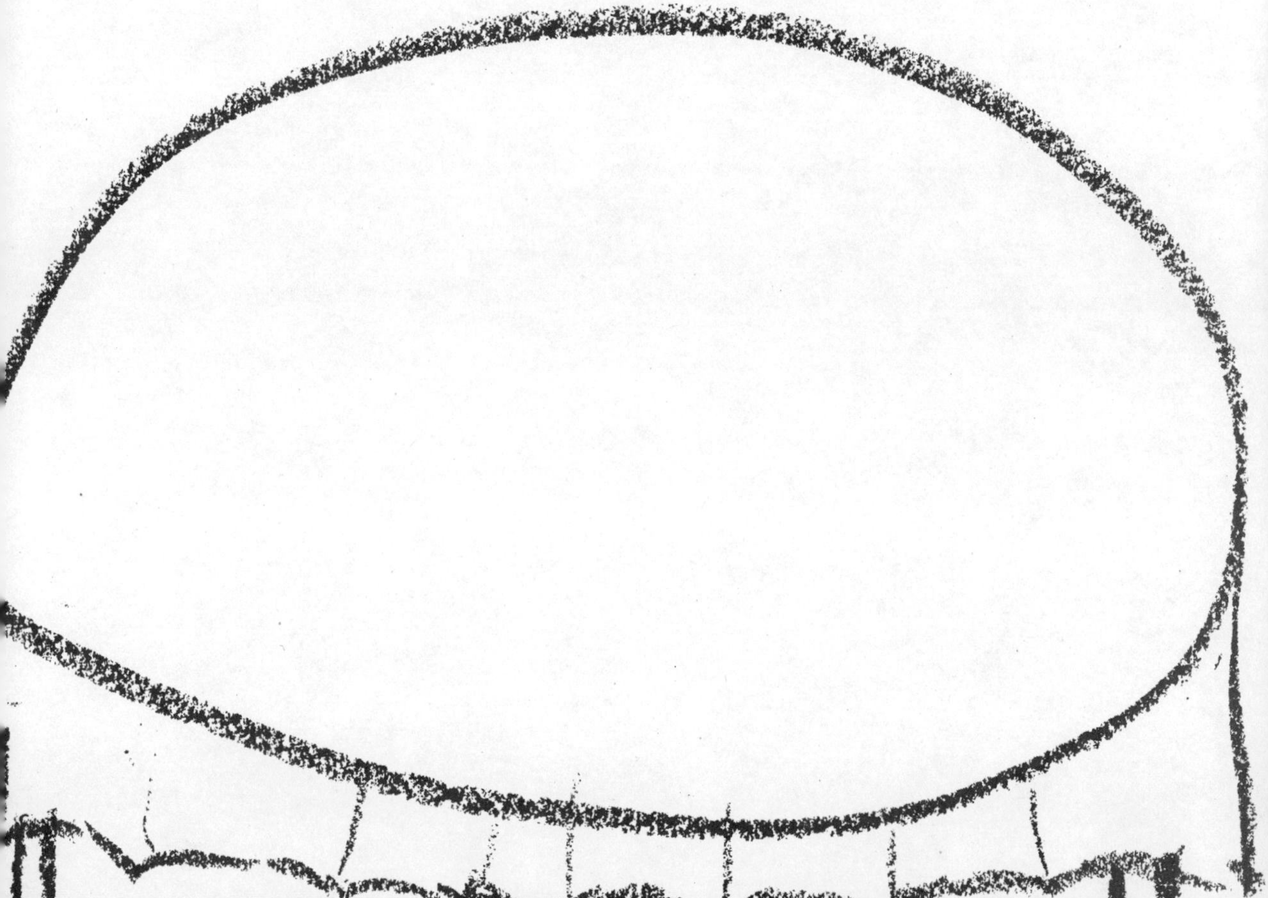

后记　关于“家文化”与本书

这十几年的育儿经验中，我觉得一个家庭拥有独特的“家文化”非常重要，“家文化”是一个家庭的核心价值。在我参与的多场关于亲子教养的演讲中，每当我把“如何创造自我家庭的文化”理念分享给大家时，发觉大家对这个主题都非常感兴趣。同时，我也非常愿意在这方面多做些分享与努力。

2013年出版的《爱和陪伴——乐活派妈妈的“慢”教养手记》是我关于“家文化”的第一部作品。我在书中对于亲子幼儿期生活中如何营造“家文化”进行了非常详细的阐述。而这些年里，我也尽力实践着，把“家文化”落实在节日的庆典、艺术体验和平时生活的营造等各个方面，让我的女儿对于中国的传统有着从经验上、心灵上、精神上的归属感，对自我家庭的文化特色也有着丰富的体验和情感上的依靠。“家文化”形塑着她的自我特色，滋养着她的心灵，给予她成长中美好的动能和安全感。

接着，我开始计划把“家文化”理念，从音乐、绘画、艺术游戏、美食等亲子生活的各个层面，延伸落实在出版物上，呈现给大家。

在2014年，我企划了一张童谣专辑《瑶谣摇——世界童谣改编辑》，这是从音乐与绘画的角度对“家文化”的阐述。此专辑音乐制作风格非常多元，可以扩展孩子的音乐体验，而专辑从设计形式上做成一本涂鸦本，让音乐与绘画连接，因为艺术原本就无界线。

接着，我构思了这本《和孩子一起玩创意——启发孩子创造力的四季艺术课堂》，作为“家文化”系列作品的第三部。在书中，我尝试将文学故事、绘画、手工连接在一起，希望借由故事来引领孩子进行艺术创意。我期待在借由此书而引发的亲子对话和亲子艺术游戏中，父母可以慢慢有效地形成和固定自我的家庭特色，这正是“家文化”的营造。因此，这本书也同时是给父母看的书，为您抛砖引玉。

在创作本书的过程中，非常感谢我的女儿适时地为我推荐了几本优秀的童书，让我打开了对于儿童文学写作的想法。也非常感谢女儿小时点点滴滴的趣事，都是书中故事的最好素材。此书中有很多故事都是我和她的真实对话，有的故事甚至还改编了她幼时所写的童诗。女儿常常一边看我的草稿，一边“哎哟哟”地娇嗔：“妈妈，你怎么都写进去啦！”是啊，我是在边回忆边创作，将那些甜美的感受分享给更多的孩子与父母。在设计此书时，我希望有一个孩子笔触的涂鸦作为打底，因为有个打底可以让拥有此书的孩子更有勇气拿起笔，开始天马行空地“乱”画。而且孩子稚嫩的笔触更容易贴近孩子，而不会像大人的绘画那么成熟完美，导致孩子在接力进行创作时产生压力或距离感。非常感谢女儿愿意“献丑”来帮我完成这个设想。在这个过程中，她主动参与思考，指出我很多错误以及考虑不周的地方。而从出版的角度还有整体规划的考量，我也经常推翻她的想法和创作，让她多次重新画。对于这样的“严格”，她还是愿意承受，甚至还开玩笑说“没关系，对于妈妈的要求我准备一包面纸就是了”。谢谢我的宝贝女儿，这本书是我们一起努力的结果。

关于本书的艺术创意的想法，非常感谢女儿之前所在幼稚园艺术活动中老师的带引，还有之后女儿的艺术老师林祐竹女士，你们都是我学习模仿的对象和灵感的来源。非常感谢！

此外，我要感谢在生命中支持我的家人和朋友，付林、石秀娟、杨振华、耿羽、应莹、王燕、尹翠、王海莹、张文涛、赵娜、薛峰、郭亮。

后续，我还会围绕“家文化”这一主题进行创作。期待您持续关注我的“家文化”系列作品。

感谢您的支持和厚爱！